T0064415

A Tempest
in Silence

A Tempest in Silence

JAGDISH PRAKASH

PARTRIDGE
A Penguin Random House Company

To order additional copies of this book, contact
Partridge India
000 800 10062 62
orders.india@partridgepublishing.com

www.partridgepublishing.com/india

Dedicated to
People, passions, moments,
memories and the time gone by
which I lived through these poems.

A Tempest in Silence

I write poetry; mostly in Urdu. Four of my books of Urdu verse have been published and one is under publication. Sharing my poetry with friends on Facebook has led me not only to the pleasant experience of making the acquaintance with lovers of poetry but also building strong bonds and deep associations with other highly talented poets. Among these associations, one of the most rewarding is with Muhammad Shanazar, an educationist and poet from Pakistan. He writes in English and is also one of the best known translators in Pakistan. We shared thoughts on the state of contemporary poetry, the journey of poetry through the rough and tumble of time and on the present state of social angst, anguish, disillusionment and the faint glimmer of hope that hovers on the distant horizon of time, giving a new form, tone, texture, idiom and context to contemporary poetry. This interaction led to the sharing of my Urdu verse with Shanazar. One morning, I was pleasantly surprised to see a translation of one of my Urdu poems by him on Facebook, along with a short message saying that he wished to translate and publish some of my poems into English. One by one he translated 65 of my poems from my books,'Narendra ke Liye', 'Aasman-dar-Aasman' and 'Shigaf'. He chose only the nazms (poems) for rendition in English, leaving aside the ghazals which, in his own words, are "untranslatable" as it is almost impossible to capture their rhythm, nuance and flavour in translation.

Among the various forms of creative writing, poetry I feel is the most untranslatable; Urdu poetry even more so. Despite best efforts and application of a highly creative sensibility and sensitivity, it is barely possible to capture the flavour, intent and idiom of a language while translating into another language. As Robert Frost bluntly says, "poetry is what gets lost in translation". Yet Shanazar has struggled and succeeded in rendering the images, metaphor and idiom as well as poetic expression in Urdu into the English language and tried his best to capture the theme and essence of my poetic thought. In doing so he has gone beyond a word-for-word translation in order to bring out the true intent of my expression.

The translated poems have been subjected to further scrutiny, suggestions and renewed rendition to bring them closer in intent and lyrical nuances and linguistic accuracy to the original by Ms. Neena Sood, herself an educationist, poet, translator and editor, who has rendered invaluable help and effort in giving final shape to these poems and compiling them according to the major themes that run in my verse.

Through this translation of my verse I hope to share my thoughts and emotions with a wider audience.

A Roman transcript of the original poems in Urdu has also been included in the book for the benefit of those who can understand Urdu but are not familiar with its script. I hope this will enable them to enjoy the original essence and lyricism of the poems in Urdu.

Jagdish Prakash

Translator's Note

My online association with
Jagdish Prakash is a happy
event that has blossomed into
a strong relationship. Greatly
impressed by his thought and
poetic expression I expressed the
urge to study him as a poet. He
willingly provided me his books

of poetry in Urdu. As I read the volumes, I was more
and more enthralled by his immense poetic talent.
His work began to get distilled into my thoughts
and feelings and made me feel that such a splendid
treasure needed to be translated into English to
enable lovers of poetry everywhere to enjoy it. Being
a member of the International Poetry Translation and
Research Centre (IPTRC), China, I gladly undertook the
translation of Jagdish's poetry into English. In doing
so, I was also driven by a desire to bring intellectuals
from Pakistan and India closer.

Jagdish's poetry consists of intricate yet subtle images.
His diction is embellished and his figures of speech are
deeply embedded in similes drawn from the ethnic,
cultural and earthy heritage of our subcontinent.
Translation of such passages was a challenge which I
sailed through by trying to understand the cultural
allusions and subtle nuances of his expression

through close interaction with him. It also helped in comprehending his poetic idiom and in capturing the real feel and flavour of his poetry. I hope I have succeeded in my endeavour.

The most prominent feature in Jagdish's poetry, however, is the overwhelming urge for calmness, peace, serenity and silence charged with pathos. He exhibits maturity of thought and expresses his journey through his trail of loneliness in a subtle and dignified manner. He is deeply attached to his world within rather than the world in which he manifestly resides.

The impact of the outer world on his emotional world within is very deep and profound. Jagdish's poetry is, in fact, like the shrieking cries of sepulchral agony of loneliness emerging from the abyss of his soul. It will undoubtedly be an invaluable addition to Indian literature in translation.

I feel happy to have translated this highly sensitive and original work of poetry.

Prof. Muhammad Shanazar

Editor's Note

Jagdish Prakash is a natural poet. His poetry flows from the heart and weaves images that express experienced reality. It is both a self expression as well as an expression of the malaise that afflicts the modern world. It is literally a multicoloured  patchwork of all the experiences and emotions he has collected over a lifetime. It is based on his close association with the crowds in the cities as well as the silences that haunt the mountains and the mind— all experiences keenly reflected throughout his poems. My introduction to his poetry was through his first book of English verse 'Echoes of Silence' which I edited in 2011. The delightful experience and interesting interactions with him to understand and capture the subtle nuances and moods in his poetry prompted me to take up the reading and later the subsequent challenge of editing his Urdu poetry, albeit in translation.

Muhammad Shanazar, a poet from Pakistan, impressed by the thought and emotion in Prakash's poetry, was keen to make his work available in English. So, on his own initiative, he translated a substantial number of Prakash's poems into English. Reading through Shanazar's translations, I realized that editing an English translation of Urdu verse was neither easy nor similar to editing a book of English verse per se, even by the same poet. Urdu language and poetry has an idiom and flavour, even a context, which is distinct from other languages, especially English. In endeavouring to keep the translated work as close as possible to the original in Urdu, I read and re-read the poems in original, constantly pairing them with Shanazar's translation to ensure that the flavour and nuances of the original were retained.

Working on the translation, editing and compilation of this beautiful collection of verse has been a joyous experience.

This collection, which is a joyous outcome of an intensely creative involvement by Prakash, Muhammad Shanazar and myself, places before the reader the modern world, its fears and demons, themes like love, dejection, unfulfilled desires, solitude, nostalgia, angst, existentialism, dilemmas and hope, a world divided by hatred, bigotry and even terrorism; and yet it has the charm of the sensation a cool breeze awakens when it tingles the body, the passions the desire for a beloved arouses and the journeys the mind undertakes in imagination. It comments on human relationships, on the hollowness of modern life, exhibition of falsities and touches on core feelings and emotions. There is both pain and love in it, a sense of dejection, as also a faith in the capacity of humans to renew themselves through belief and hope. In fact, a special feature of Prakash's verse is the constant questioning and search for answers to the dilemmas of modern life.

It has indeed been a pleasure working on this collection of rich verse and I hope the reader too has an enjoyable experience as well.

Neena Sood

Contents

Love

An Epistle of Love

When you were with me
A torrent sprouted
From the frozen mountains
And spread in my heart's valley
Over half-dreamt grasslands of my desires
Stubborn winds spread
Their feet on the velvety carpet of dew
And fragrances assembled
In the resting place of emotions

When you touched me
A thousand torrents
Erupted in a sudden flow
Over the parched wilderness
Of my tepid veins

When you were far
All cascades
Retreated

Mohabbat Nama

Jab tum qareeb thay
Toh munjamid kohsaaro(n) se
Phoot padi thi ek aabshar
Jo pasar gayi thi
Dhadkano(n) ki wadi ke
Neem khwabeeda sabza zaro(n) par
Ziddi hawao(n) ne pao(n) phela diya thay
Shabnam ke atlasi qaleen par
Aur khushboo'o(n) ki anjuman saj gayi thi
Jazbaat ke padao par

Jab tumne mujhe chhoda
Toh hazaro(n) aabshar
Rawa(n) ho gaye, yak-lakht
Meri gunguni rago(n) ke
Dasht-e-tashna mei(n)

Jab tum du'r thay
Toh sab aabshar

Laut gaye thay
Zehn ke kohsaaro(n) mei(n)
Aur hawaei(n) du'r aasmano(n) par
Tumhare naam ki kitabat kar rahi thee(n)
Daf'atan lakho(n) gulab bikhar gaye thay
Jazbaat ki matmaili chadar par
Ba-tarteeb

Koi sarsarahat mere khamosh kamre ke
Pardo(n) se lipat kar poochhti thi
Jhee(n)garo(n) se kal ki baatei(n)
Kisi pehchani awwaz ka tarannum
Aa(n)gan mei(n) bikhri nimoliyo(n) ko
Chhoota, sehlaata
Tahleel ho gaya tha
Band dareecho(n) ki darado(n) ke darmiyaan

Aur phir du'r du'r tak kuchch bhi nahi(n) tha
Kuchch bhi nahi(n)

To the frozen mountains of my mind
And winds
Seemed to etch your name
On faraway skies
As if a million roses scattered
Randomly
On the tattered sheet of my desires!

A rustling sound, wrapped around
The drapes of my silent room,
Enquired from the crickets
Of past happenings,
The cadence of a familiar voice
Touching, caressing
The fruit of the Neem scattered in my courtyard,
Dissolved in the cracks of the closed windows!
And then, till far, there was nothing
Nothing at all!

The moon was lost
In the moist islands of the eyes,
Raga Hemant[1] echoed.
When the sun emerged
On the Neem-laden chinks of the body
Over tiny droplets of perspiration,
I know not!

---

[1] Raga Hemant: A raga or musical composition in Indian Classical music

Kho gaya tha chand
Aa(n)kho(n) ke pur-nam jazeero(n) mei(n)
Raag hemant ki baazgasht hoti rahi
Jiske neem-wa dareecho(n) mei(n)
Kab ubhar aaya aaftab
Paseene ki gunguni boondo(n) par
Mujhe maloom nahi(n)

Come Near for a While

Come near for a while and touch me with your glance
Write on my passions a poem dipped in your emotions
Else this night will go some place far away
The carnival of moonlight in my patio
Is but for a few moments and will soon be gone

Look, somewhere in the forest blossoms the Bauhinia
The Laburnum flowers are heavy with fragrance
Rows of butterflies hover before my eyes
Mimusops are resplendent as a bazaar over desires
This gorgeous night is a guest here for a few moments
The exhibition of the moon and stars is but for a while

The soft sand houses that we have just made
The sprightly bedrooms we have just decorated with
our breaths
In them keep the solitary lamp of our hopes
Aflame with the throbbing message of our loyal hearts
Come here for a while, make me radiant with your
touch
Give to this existence the meaning of faith
Else this night will go away somewhere else.

Aao Kuchch Der

Aao kuchch der mujhe apni nigaho(n) se chhuo
Mere jazbaat pe ehsaas ki ek nazm likho
Warna yeh raat kahi(n) aur nikal jayegi
Chandni ki saji baraat mere aa(n)gan mei(n)
Dau ghadi aur hai phir dur nikal jayegi

Dekho ju(n)gal mei(n) kahi(n) phool rahi hai kachnaar
Hai amaltaas ke phoolo(n) pe mehak ki bharmaar
Titliyo(n) ki hai nigaho(n) mei(n) saji ek qataar
Aarzoo par hai(n) lage molsari ke bazaar
Ye hasee(n) raat hai mehmaan yaha(n) kuchch pal ki
Chand taro(n) ki numaaish hai yaha(n) kuchch pal ki

Rait ke narm gharondey joh banaye hai(n) abhi
Nafs ke shaukh shabista(n) jo sajaye hai(n) abhi
In mei(n) rakhdo koi nanha sa umeedo(n) ka diya
Maujzan dil, dhadakta hua paigham-e-wafa
Aao kuchch der, mujhe chhooke munawwar kardo
Zindagi ko koi mafhoom-e-aqeedat dedo
Warna yeh raat kahi(n) aur nikal jayegi

You

You, only you, are the only one

Like a poem by Keats
Like a swarm of butterflies

Like a procession of clouds
Like flashes of lightning

Like the smiling spring
Like the swaying Chinars

Like the mounds of snow
Like a sunny bazaar

Like a reflection of moonlight
Like the dancing Milky Way

Like seasons at rest
Like bonfires in winter

Tum

Tum bas ek tum ho

Jaise 'keats' ki ho nazm
Jaise titliyo(n) ki bazm

Jaise badlo(n) ke juloos
Jaise bijliyo(n) ke naqoosh

Jaise ha(n)s rahi ho bahar
Jaise jhoomte ho(n) chinaar

Jaise barf ke ambaar
Jaise dhoop ke bazaar

Jaise chandni ka aks
Jaise kahkashan ka raqs

Jaise mausamo(n) ke padao
Jaise sardiyo(n) mei(n) ala'o

Like the tale of the storyteller
Like the azaan in the mosques

Like the dark nights of December
Like the swaggering torrents of rain

Like the clinking of bangles
Like the rumbling of clouds

You, only you, are the one
You, only you, are the one, in my heart!

Jaise qissa-go ka baya(n)
Jaise masjid mei(n) azaa(n)

Jaise poos ki raatei(n)
Jaise shokh barsaatei(n)

Jaise chhoodiyo(n) ki khanak
Jaise baadlo(n) mei(n) dhanak

Tum bas ek tum bas tum
Tum bas ek tum bas tum

A Song

The world shimmered like a galaxy since you came
The buds bloomed like a garden since you came
Passions grew young since you came
Poesy once again became spontaneous
Sunshine glistened on the walls of my house
Flowers bloomed again on the Bauhinia
Feet danced, the wind began to hum
The heart now sang a new song
This land merged with the sky in ecstasy
Since you came...

Kites began to soar on rooftops of houses
Fragrance began to fill the patio of the heart
Coverings slipped from heads
As lightning leaps
As clouds gather
As a stream flows
As a bird soars
As the Jasmine blooms
Life became a story of love
The world shimmered like a galaxy
Since you came.

Geet

Tum mile toh fiza kahkasha(n) ho gayi
Tum mile toh kali gulista(n) ho gayi
Tum mile toh tamanna jawa(n) ho gayi
Shayari ki zaba(n) phir rawa(n) ho gayi
Dhoop khilne lagi ghar ki deewar par
Phool khilne lage phir se kachnar par
Paa(n)v thirkey, hawa gungunane lagi
Dil ki dhadkan bhi ab geet gaane lagi
Yeh zamee(n) jhoomkar aasma(n) ho gayi
Tum mile....
Ghar ki chat par pata(n)ge si udne lagi(n)
Dil kea a(n)gan mei(n) khushbu ubharne lagi
Sar se aa(n)chal udey
Jaise badal ghire
Jaise nadiya bahe
Jaise panchhi udey
Jaise juhi khile
Zindagi pyar ki dasta(n) ho gayi
Tum mile toh fiza kahkasha(n) ho gayi
Tum mile...

Stay for a While

Stay for a while
The night still lingers on
Do not go yet
For there is still time to dream

Stay for a while
For the light of the lamps
Has not turned scarlet yet
Stay for a while
For the steady rhythm of the rain
Has not begun yet

Stay for a while
For thoughts have not
Composed words yet
To dance on the tip of the tongue

Stay for a while
For nomad passions
Still seek the path
To reach you
Stay for a while
Do not go yet!

Abhi Mat Jao

Abhi mat jao
Abhi raat baaqi hai
Abhi mat jao
Ke abhi khwabo(n) ke utarne mei(n)
Der hai
Abhi mat jao
Ke abhi chiragho(n) ki lau
Surkh mayal nahi(n) hui
Abhi mat jao
Ke abhi rimjhim ki sargam ka
Aaghaz nahi(n) hua
Abhi mat jao
Ke abhi khayalo(n) ne
Alfaz tarteeb nahi(n) diye hai(n)
Zaba(n) par raqs kuna(n) hone ke liye
Abhi mat jao
Ke ehsaas ke banjaarey
Abhi tak raah talaash kar rahe hai(n)
Tumhare qareeb aane ki
Abhi mat jao
Abhi mat jao

Your Presence
(Impact of an acquaintance made on the Internet)

I only know that you are there
Perhaps, if I could touch you
My breaths might believe in your existence

If even a drop of the fragrance of your presence
Falls on my forehead
And trickles into the deep recesses of my mind
Perhaps, I might feel
That you are there beside me
Though I have never seen you
I have heard your voice
And felt your desires pulsating
On the silvery lake of your voice
I have felt the fall of your words
Cherished the desire to touch
Felt your racing breaths
Over which I have no control
I only know there is a distance
Between you and me
A division drawn by an equatorial curve

Tum Ho

Ek Internet par hui mulaqat se muktássir ho kar

Mai(n) toh bas itna janta hoo(n) ke tum ho
Chhoo loo(n) toh shayad
Tumhare hone ka aitraaf kar paei(n)
Meri saa(n)sei(n)

Agar tumhare ehsas ki khushboo ka ek qatra
Meri peshani par dhalak jaye
Mere zehn ke kisi goshay mei(n) utar jaye
Toh mai(n) mahsoos kar paa'o(n)
Ke tum mere qareeb ho
Ba-wajood iske
Ke maine tumhe kabhi nahin dekha
Tumhari awaz
Aur iss nuqrayee awaz ki jheel par mutahar'rik
Tumhari arzoo'o(n) ki tara(n)go(n) ko
Suna hai aur
Mahsoos kiya hai maine
Tumhare alfaz ke absharo(n) par
Ek lams ki khwahish ko
Mahsoos kiya hai maine
Tumhari tez hoti saa(n)s ki tara(n)go(n) par
Jin par mera koi ikhtiyaar nahi(n) hai
Bas mai(n) itna jaanta hoo(n) ki ek faasla

If I could 'see' your voice
I might knock
At the door of your emotions
And say, "See me too,
Across the vibrating voices
My plight is the same as yours
Which you too might have felt,
Like the morning feels the fragrance
Of the dew-washed buds."
—In the same way in which I felt
The reality of the surging ocean in your eyes
In the ebb and flow of your voice
In the twilight of a wintry eve
When, for the first time,
I felt your presence
Upon hearing your voice after the phone's ring!

Hayal raha hai hamare darmiya(n)
Khat-e-istawa ki tarah
Agar mai(n) tumhari awaz ko dekh sakta
Toh shayad tumhare jazbaat ke darwazey par
Dastak de sakta
Kah sakta ki mujhe bhi dekho
Mai(n) bhi awaz ki jumbisho(n) ke aar paar
Wahi hoo(n)
Jise shayad tumne ussi tarah mahsoos kiya ho
Jaise oas mei(n) nahai kaliyo(n) ki khushbo ko
Mahsoos karti hai har subah
Ussi tarah jaise maine mahsoos ki thi
Tumhari aa(n)kho(n) mei(n) ek samandar ke maujzan
hone
Ki haqeeqat
Tumhari awaz ke madd-o-jazar mei(n)
Uss sardiyo(n) ki sham
Jab pehli baar
Mujhe tumhare jazbaat
Ka ehsaas hua tha
Phone ki ghanti par ubharti hui
Tumhari awaz se

It is You

It is you
Who knock at my silence
And appear to be reading
The worn out pages of my fantasies
Which have scattered from the manuscript of my
silence
At just this moment;
On the half-open window of my thoughts
My eagerness dangles a few questions
And wishes to say something to you
Perhaps you may go far away without listening
And my questions might remain unanswered
Leaving incomplete, without a caption,
The inscription of my silence

Years ago
Perhaps like this
You had come to me
But I don't know why my sentiments
Could not recognise you

Tum Ho

Tum ho
Joh meri khamoshi par dastak de rahe ho
Aur padhtay huey lagtey ho
Mere tasav'vur ke boseeda auraq
Joh meri khamoshi ke musav-viday se
Abhi abhi bikhar gaye hai(n)
Mere khayalao(n) ke adh khulay dareechay par
Mera ishtiyaq kar raha hai kuchch sawal
Aur chahta hai kuchch kehna tumse
Shayad kuchch sune bagair hi tum kuchch dur chale
jao
Mil na sakei(n) mere sawalo(n) ko koi jawab
Aur meri khamoshi ki yeh tahreer na-mukam-mil rah
jaye
Bina kisi unwan ke

Barso(n) pehle
Shayad isi tarah
Tum aaye thay mere paas
Lekin na jane kyu(n) mera ehsaas
Tumhe pehchaan nahi(n) saka tha

Now when again after years
You have come to me
I, with my half-open eyes,
Search for the same sight
And make the effort
Through the knocking on my silence
To recognise you,
The same hands
That had left
A bouquet of red roses
On my dust-laden table!

Aaj jab phir barso(n) baad
Tum mere paas aaye ho
Toh mai(n) apni adh khuli aa(n)kho(n) mei(n)
Wohi manzar talash kar raha hoo(n)
Aur koshish kar raha hoo(n)
Apni khamoshi par padi dastak mei(n)
Tumhe pehchaan-ne ki
Unhi haa(n)tho(n) ko
Joh meri gard aalood mez par
Laal gulabo(n) ka ek guldasta
Rakh gaye thay

One Evening

I have seen an ocean in your eyes
And have looked into it for long
Perhaps when you were away
Even then this ocean
Surged in your eyes
Because the thought of this surging ocean
Drenched my emotions
All the time, every night
It just so happens
That when you are with me, then
Each wave of this ocean wets every feeling
As it passes through
Each pore of my existence;
And when you are away,
These waves smash their heads
Sometimes in the dark chambers of the heart
Sometimes in dreams, sometimes in fictions
Sometimes in the abodes of unspoken desires

Ek Sham

Maine tumhari aa(n)kho(n) mei(n) dekha hai ek
samandar
Aur dekhta hi rah gaya hoo(n)
Shayad jab tum paas na hoti(n)
Tab bhi yeh samandar tumhari aankho(n) mei(n)
Maujzan rahta
Kyu(n)ki tumhari aa(n)kho(n) mein uthne wale
Samandar ka ehsaas
Mere jazbaat ko bhigota raha hai
Har waqt, har raat
Bas itna hi hota hai
Ke jab tum paas hoti ho, tab
Iss samandar ki har lehar mere har ehsaas ko
Bhigoti hui
Mere wajood ke har masaam se guzar jaati hai
Aur jab tum paas nahin hoti(n)
Toh yahi leharei(n)
Kabhi dil ke shabistano(n) mei(n)
Kabhi khwabo(n) mei(n), kabhi afsano(n) mei(n)
Kabhi ankahi khwahishaat ke aiwano(n) mei(n)

The rising of an ocean in your eyes
And its soaking my existence through and through—
Only I can experience this emotion
For you have empowered only me
To fathom the depths of this ocean,
Only me!

Sar patakti rehti hai(n)
Tumhari aa(n)kho(n) mei(n) samandar ka rawa(n)
hona
Aur uska mere wajood ko tarbatar kar jana
Sirf mai(n) hi mahsoos kar sakta hoon
Kyu(n)ki iss samandar ki gehraai mei(n)
Utarne ka ikhtiyaar tumne mujhe diya hai
Sirf mujhe

When Your Memory Sojourned

In the wilderness somewhere
Has sprung up a new town
Every inch of this land
Every speck of this sphere
Every gust of this wind
Every part of this atmosphere
Have halted close to me

There is a hustle bustle again
In the realm of my heart
When the shadows get entangled
With the mild cosy sunshine
The winds dance
Around the cold bed
On greying hamlets of the evening

The queries of your dreams
The perfume of your dreams
Like a melodious tune

Jab Khayal Aaya Tera

Dashte veera(n) mein kahi(n)
Bas gaya shehr naya
Chappa chappa yeh zami(n)
Zarra zarra yeh falak
Jho(n)ka jho(n)ka ye hawa
Qatra qatra ye fiza
Tham gaye mere qareeb
Jism ke ga'o(n) mei(n) phir
Ek mela sa laga
Gunguni dhoop se jab
Chhidi sayo(n) ki behas
Surmai sham ke ga'o(n)
Ki hawa'o(n) ne dhamaal
Sard bistar pe ghirey
Tere khwabo(n) ke sawal
Tere khwabo(n) ki mehak
Jaise sargam ki gumak

Like an infant's mumble[1]
Like an azaan in the mosque
Like the sound of a flute
Like a lamp in the temple
Like a wave in the Ganga
Like a dawn in the woods.
Ah! The bonfires of your memories
Have rekindled today
When your thought sojourned again!

---

[1] Azaan: A call for prayer

Jaise bachchey ki zabaan
Jaise masjid mei(n) azaan
Jaise bansi ki sada
Jaise mandir ka diya
Jaise ganga ki lehar
Jaise ja(n)gal mei(n) sehar
Teri yaado(n) ke ala'o
Phir dehakne lagey aaj
Jab khayal aaya tera

I am Addressing You

Today, after a long time,
I am addressing you.
What for?
I don't know.
What should I say?
I don't know.
A thought occurred
Just like that in the dark
A speck of light
A shimmer of moonlight
Descended upon my mind
And a desire awoke!
My heart found an excuse
To remember you
To pass by you
To touch your fragrance
To meet the glow worms
To embrace the sunlight
In winter

Mein Tumse Mukhatib Hoon

Aaj muddat ke baad
Tum se mai(n) mukhatib hoo(n)
Kis liye mukhatib hoo(n)?
Ye mujhe nahi(n) maloom
Kya kahoo(n), nahi(n) maloom
Ek khayal sa aaya
Bas yu(n)hi andhere mei(n)
Roshni ka ek zarra
Chandni ka ek qatra
Zehn mei(n) utar aaya
Ek aarzoo jaagi
Dil ka ek bahana tha
Tum ko yaad karne ka
Paas se guzarne ka
Khushboo'o(n) ko chhoone ka
Jugnuo'(n) se milne ka
Saridyo(n) ke mausam mei(n)
Dhoop se lipatne ka

To do just anything
In the alleys of my mind!

You are a fragrance
You are an enchanting wind
You are a rhythm
You are the couplet of a ghazal[1]
You are the stanza of a poem,
You are Rumi's thought

You are the verse of a Sufi
You are a painting by 'Hussain'[2]
You are the cool morning breeze
You are an expression of my being
You are my comfort
You are, you are, only you are,
I am addressing you!

---

[1] Ghazal: A lyrical poem in rhyme, usually about love, often set to music
[2] Husain: The reference here is to the painter M. F. Hussain

Zehn ke mohallo(n) mei(n)
Kuchch bhi kar guzarne ka

Tum to ek khushboo ho
Tum hawa-e-dilkash ho
Tum to ek tarannum ho
Tum ghazal ka matla'a ho
Tum sukhan ka mauzoo ho
Tum khayal rumi ka

Tum kalam sufi ka
Tum hussain ki tasveer
Tum sehar ki ek tahreer
Tum bayan wahdat ka
Tum mizaaj ishrat ka
Tum ho, tum ho, bas tum ho
Tum se mai(n) mukhatib hoo(n)

I want just once
That you should nestle
In my heart
In the way
The breeze
Descends each morning
Upon the wings of butterflies
The way the boats anchor
On a river bank,
At whose windows
You stand one evening
Awaiting
My return home!

Chahta hoo(n) tum ek baar
Iss nasheman-e dil mei(n)
Iss tarah utar aao
Jis tarah ke baad-e-sabaa
Titliyo(n) ke pa(n)kho(n) par
Har subah utarti hai
Jis tarah ke sahil par
Kishtiyo(n) ka ek ghar ho
Jiske waa dareechey mei(n)
Tum khadhi hui ek sham
Mere ghar palatne ka
Intezaar karti ho!

Believe Me, I Could Not Sleep for a Moment

I have appeared in someone's dream again
It's another thing whether something happened in it,
or not
What is important is that it has led to a series of
happenings
At least, in someone's mind, a path opened for me
My caravan moved ahead towards someone's house
And a sign of my destination appeared on the path
And my heart found a way to express itself
At least somewhere the march of your thoughts paused
Somewhere you found my thoughts agreeable
And somewhere in your story you found
My intentions come alive that night

Believe me, the night when in your eyes
The doors of my thoughts began to open,
Amidst which the young angels of dreams
Made grand castles of your desires
The joyous breeze adorned your memories
In the grand chambers of your thoughts, my love
I could not sleep for a moment all night!

Yaqeen Jano ke Ik Pal Mein So Nahi Paya

Kisike khaab mei(n) ubhri hai phir meri tasveer
Ye baat aur hai khaabo(n) mei(n) kuchch hua, na hua
Eham toh yeh hai ke hone ka silsila toh bana
Kisi ke zehn mei(n) apni bhi raah guzaar khuli
Kisi ke ghar ki taraf apna karwa(n) toh badha
Chalo ke raah mei(n) manzil ka ek nisha(n) toh mila
Chalo ke dil ko koi zariya-e-baya(n) toh mila
Kahi(n) toh utrey tumhare khayal ke lashkar
Kahi(n) toh mera tasav'vur tumhe gudaz laga
Kahi(n) toh apni kahani ke darmiya(n) tumne
Mere wajood ko uss raat javedaa(n) paya

Yaqeen jano ke jis shab tumhari aa(n)kho(n) mei(n)
Mere khayal ke khulne lagey thay darwaze
Ke jinke darmiya(n), nanhe farishte khaabo(n) ke
Bana rahe thay teri aarzoo ke qasr-e-azeem
Sa(n)waarti thi teri yaad ko shagufta naseem
Tere khayal ki barah-dari mei(n) jan-e-hayat
Tamam raat mai(n) ek pal bhi so nahi(n) paya

The Core of Desire

My eyes hesitate to meet your eyes
Questions hover on my lips
The thought that my words may distress you
Makes me hesitant to talk
With each word I weave an essay
And adorn it with your thoughts
Embroider it with my own desires
And fill the margins with your name

I write your name on the shoulders of the wind
And inscribe praises on your lovely face with my eyes
I step at the threshold of your thoughts
And charter my life in your name

I have seen you several times from near and far
And again and again captured you in my glance
I wish you would think of me too
I have called your name again and again from
everywhere.

Harf-E-Tamanna

Mai(n) tujh se a(n)kh milatey huey jhijhakta hoo(n)
Sawal ho(n)to(n) pe latey huey atakta hoo(n)
Koi bhi baat meri tujhko nagawar na ho
Isi khayal se dar dar ke baat karta hoo(n)
Har ek lafz se mazmoon ik banata hoo(n)
Aur usko tere khayalat se sajata hoo(n)
Phir uss mei(n) apni tamanna ki gul nigari se
Tere hi naam se sab hashiye sajata hoo(n)

Hawa ke dosh pe tera hi naam likhta hoon
Teri jabee(n) pe nazar ka salam likhta hoo(n)
Tere khayal ki dehleez par qadam rakhkar
Mai(n) zindagi ki sanad tere naam likhta hoo(n)

Qareeb va du'r se dekha hai barha tujhko
Nazar mei(n) apni utara hai barha tujhko
Ye chahta hoo(n) kabhi mujhko soch le tu bhi
Har ik taraf se pukara hai barha tujhko

Faded Petunias

Who are you
Who read the manuscript of my silence
So minutely
Say something so that your words
Become the caption of this manuscript
Meet my gaze to give this evening an identity
The rising half moon at my window
Asks some questions

To which my silence does not have answers
The delicate fingers of the winds
Caress the faded Petunia flowers
That lie on my table
Which, perhaps too,
Do not have an answer
To the complex questions
Of melancholic moments
That wail in this room
Tomorrow these flowers won't be on my table
But the wind coming through the half-open window

Petunia ke Murjhaye Phool

Kaun ho tum
Joh meri khamoshi ko
Itni bareeki se padh rahe ho
Kuchch kaho to iss tahreer ka unwaan ban jaye
Nazrei(n) milao to iss sham ki pahchan ban jaye
Dareechey par ubharta hua aadha chand
Kar raha hai kuchch sawal
Jinka jawab meri khamoshi ke paas nahi(n) hai

Hawao(n) ki nazuk u(n)gliyan(n)
Meri mez par rakhe
Petunia ke murjhaye phoolo(n) ko
Sehla rahi hain
Jinke paas bhi
Shayad koi jawab nahi(n) hai
Iss kamre mei(n) sisakte huey
Udaas lamho(n) ke pecheeda sawalo(n) ka
Kal yeh phool meri mez par nahi(n) ho(n)ge
Lekin adhkhule dareeche se aati hui hawa
Unhei(n) talash karne zaroor aayegi

Will certainly search for them
And, whispering to the half moon
Fixed at the window,
Will drift far away
Then who knows
What will happen?

But today when you are beside me
Infuse the fragrance of your voice
Into these decaying Petunia flowers
Which I have not been able to cast off as yet
Perhaps awaiting your arrival!

Aur dareeche par tikey huey
Aadhey chand se guftagu karke
Kahi(n) du'ur nikal jayegi
Phir kya hoga
Kise pata?

Lekin aaj jab tum mere qareeb ho
Toh apni awaaz ki khushboo bhardo
In murjhaye huey petunia ke phoolo(n) mei(n)
Joh shayad tumhare intezaar mei(n) abhi tak
Phe(n)ke nahi(n) gaye mujhse

Dates of the Calendar

Days that divide into the dates of the calendar
Memories captured in the pages of a diary
Fast fleeting moments, calculating the race of life
Incidents dished out on the dinner table of life
Tiny exhausted birds of my hopeful eyes
Fly to the telephone again and again
In search of that familiar number on the dial
On which once my fingers had turned
Again and again
Waiting for that one voice
Which reverberated every morning, every evening
Through the turrets of my emotions
Like the notes of the Yaman Kalyan![1]

Steam that arises from my teacup
Makes dewy my universe
And I can feel,
Listening to your mellifluous voice over the telephone,
The youthful beauty of the red Gulmohars

---

[1] Yaman Kalyan: A raga or musical composition in Indian Classical music

Calendar ki Tareekhein

Calendar ki tareekho(n) mei(n) ba(n)t'te din
Diary ke safho(n) mei(n) taqseem yadei(n)
Umr ki meezan lagate tez gaam lamhe
Zindagi ke dastarkhwan par saniho(n) ke lawazimaat
Meri aa(n)kho(n) ke thake thake goraiyye
Telephone tak udkar jate hai(n) baar baar
Dhoondte hai(n) dial par uss ek number ko
Jin par kabhi laut jaati thee
Meri u(n)gliya(n) baar baar
Ek awaz ke intezaar mei(n)
Joh kabhi phel jaati thi, har subah, har sham
Mere jazbaat ki faseelo(n) par
Yaman kalya(n) ke suro(n) ki tarah

Chai ke piyale se uthti hui bhaap
Nam kar rahi hai meri kaynaat
Aur mai(n) mahsoos kar raha hoo(n)
Gulmohar ke un surkh phoolo(n) ka ba(n)kpan
Jo meri balcony par jhuk aate thay

Which swing into my balcony
Every morning
Holding the sleeves of the sun

What has happened
Aeons have passed since I heard your voice?
Where are the notes of the Yaman Kalyan?

The red Gulmohars still bend
Over my balcony, like a question mark,
And I feel that across the windows of my mind
A voice still calls out to me
That same voice
Which the dates of the calendar cannot divide.

Har subah
Naye suraj ki aasteen thamey
Phone par lehraati hui tumhari awaz ke saath

Aisa kya ho gaya
Muddat hui us awaz ko suney
Kaha(n) kho gaye yaman kalya(n) ke woh sur?

Meri balcony par gulmohar ke surkh phool
Ek sawaliya nishan ki tarah abhi bhi jhuke huey hai(n)
Zehn ke dareecho(n) ke uss par se
Lagta hai woh awaz ab bhi pukar rahi hai mujhe
Jise calendar ki tareekhei(n) nahi(n) ba(n)t payei(n)gi

Unrequited Desire

These expanses, these landscapes, these anthologies
of songs
My dreams, the days and nights of my life
This vagabond passion in the alleys of endless wait
All demand an expression of your thoughts

I wished, sometimes, to share the secrets of my heart
Or talk about my thirsty eyes
I wished to clothe your longing
In the tattered robes of my own desires

But years went by in thoughts
In questions I saw in your eyes
I kept looking at the shifting moments
In the light and darkness of my own house

But I could never ever say what I felt
It is another thing that I could not live without you!

Aarzoo

Yeh wus'atei(n) yeh nazarey yeh nazm ke ash'aar
Yeh mere khwab meri zindagi ke lail-o-nihaar
Yeh intezaar ki galiyo(n) mei(n) gasht gaam junoo(n)
Tere khayal ka sab ma(n)gtey hai(n) ab izhaar

Mai(n) chahta tha, kabhi dil ki baat kah daloo(n)
Ya apni tishna nigahi ka tujh se zikr karoo(n)
Kabhi khud apne tasuv'vur ki taar taar qaba
Utaar kar mai(n) teri aarzoo ko pehna doo(n)

Magar yeh umr guzarti gayi khayalo(n) mei(n)
Teri nazar se ubharte huey sawalo(n) mein
Mai(n) dekhta raha lamhaat ko badalte huey
Khud apne ghar ke andhero(n) mei(n) aur ujalo(n)
mei(n)

Magar zara bhi kabhi apni baat keh na saka
Yeh baat aur hai tere bagair rah na saka

Lingering Moments

I don't know why the nights are entwined in my
loneliness
I don't know why, without reason, the winds have
stopped
I don't know why silence laments all around
I don't know why the warm breaths of the sky lie
scattered
Mingled in the voices of haunting silences
Are the soft rhythms of the days gone by
The melancholy of winged desires
The burning of the wind riding on the waves
The stifled sighs of my smouldering being

Passing through the lakes of open eyes
Where do the dreams fly away?
Why, in the moments of the retreating night,
Are the windows of the stars still open?
Why are the pools of my eyes dry?
Why are the streams of my desires restless?
The silent darkness floating on the horizon

Intezar

Na jane kyu(n) meri tanhaai mei(n) uljhi hai(n)
raatei(n)
Na jane be-wajah kyunkar hawaei(n) tham gayi hain
Na jane har taraf khamoshiya(n) kyu(n) nauha
khwa(n) hai(n)
Na jane muntashir kyu(n) hai(n) falak ki garm
sa(n)sei(n)
Hai san-nato(n) ki awazo(n) mei(n) shamil
Koi mad-dham si lai beete dino(n) ki
Udasi aarzoo ke tayro(n) ki
Jalan lahro(n) pe chalti ek pawan ki
Ghuti aahei(n) sulagte ek badan ki

Khuli aa(n)kho(n) ki jheelo(n) se guzar kar
Yeh kis janib uday jaatey hain sapne
Yeh shab ke laut jane ki ghadi mei(n)
Sitaro(n) ke dareechey kyun khuley hai(n)
Hai(n)soye kyu(n) meri aa(n)kho(n) ke panghat
Hai(n) kyu(n) bechayn armano(n) ke darya
Ufaq par tairta tanha andhera

Holds the rising moon.
I have heard that one day you will
Come to my house in a whirling raas[1]
But there are no cymbals, no tinkling of bells
No melodies of the flute or jingling of anklets
Where is Radha[2], where is Kanhaiya[3]?
Where is the rhythmic thumping of the dancing
Gopis[4]?
This night steadily wanes
The horizon turns a new shade
Myriad dreams advance
Bequeathing hope to tired eyes
This night, too, has departed, evoking memories.

---

[1] Raas: A collective dance performance associated with Krishna
[2] Radha: Consort of Krishna, the legendary cowherd and Lord Krishna in Indian mythology
[3] Kanhaiya: One of the names of Krishna, the cowherd
[4] Gopis: The maidens of Mathura who performed the Raas or Raasleela with Krishna

Ubharte chand ko thame khada hai
Suna hai ek din tera tasuvvur
Rachane raas aayega mere ghar
Magar na jhanjh na ghu(n)ghroo ki runjhun
Na sur ba(n)suri ke, na payal ki chhan-chhan
Kaha(n) radha kaha(n) par hai kanhaiyya?
Kahan hai gopiyo(n) ki tata-thaiyya
Dhali jaati hai yeh shab rafta rafta
Ufaq lene laga hai karwatei(n) phir
Badhay aate hai(n) sapne thaliya(n) bhar
Thaki aa(n)kho(n) ko umeedei(n) thamakar
Gayi yeh raat bhi yaadei(n) jagakar

The Equator of Silence

It would have been nice if the matter had ended here
The way rivers terminate at the banks
And banks on the wet stretches of sand
But that matter did not end
Because on all possible routes of resolution
Silence deployed sentinels
Which, like the equator,
Stand like a barrier between our lives

Had this barrier not been there
Then perhaps
We could have seen together
And felt
The fragrance of the morning breezes
The crimson display of twilight
Some events could have emerged
Some complaints, some resentments, might have been
And the equator of silence
Might have dissolved
In the oceans of our warm breaths

Khamoshi ka Khat-e-astwa

Baat yahin khatm ho jati toh kitna achha tha
Jaise dariya kinaron par khatm ho jate hein
Aur kinare ret ke geele phailao par
Lekin who baat khatm nahin hui
Kyonke uske saare raasto(n) par
Phere bitha diye thei ek khamoshi ne
Jo khat-e-astwa ki tarah
Hail thi hamari zindgion(n) darmiyan

Agar yeh fasweel na hoti
Toh shayad
Subh ki hawao(n) ki khushboo
Ya shafaq par namoodaar hone wale
Rango(n) ki namayesh ko
Hum saath saath dekhte, mehsoos karte
Kuchh waq'aat ubharte,
Kuchh gile shikwe, kuchh shikayatein hotee(n)
Aur who shayad khamoshi ka khat-e-astwa
Tehleel ho jata
Hamari garm sanso(n) ke samandro(n) mein

Or in the midst of an untold wish
Quivering on our lips
But nothing like that happened.
We kept looking at each other
Through the slits of the locked doors of the mind
Silent, tongue-tied
And the equator of silence could not be crossed by us
No one knows why?

Ya honto(n) par larzan(n)
Kisi ankahi aarzoo ke darmiyan
Lekin kuchh aisa bhi nahin hui
Hum ek doosre ko dekhte rahe
Apne zehno(n) ke muqaffal darwazo(n)
Ki daradon se
Chup chaap, khamosh
Aur who khat-e-astwa hum se kabhi uboor nahin kiya gaya,
Na jaane kyo(n).

Nostalgia

Voices of Silence

In the dome of sound
The voices of silence
Seek the abode
Of a shadow since long
Since long on the boundary walls
Is pasted this sadness
Since long dust has settled
On the face of this exhausted evening
The winds of the fleeting night
Flip through the magazines
Resting their head in the lap of someone's memory
All evening;
What do the thirsty eyes search for
In the newspaper
It has neither the detail of any pain
Nor meanings
Neither description of dreams
Nor of memories
Neither the dance of thoughts

Khamoshi Ki Sadayei(n)

Aawaz ke markaz mein
Khamoshi ki sadayei(n)
Ghar dhoond rahi hai(n)
Kisi parchhayei(n) ka kab se
Kab se dar-o-deewar par
Chaspa(n) hai udasi
Kab se jami hai gard
Thaki sham ke rukh par
Padhti hei(n) risale,
Shab-e-rafta ki hawyei(n)
Sar rakh kar kisi yaad ke zanoo par,
Sar-e-shaam
Akhbaar mei(n) kya dhoondti hein tishna nigahei(n)
Na jis mei(n) kis dard ki tafseel, na koi mafhoom
Akhbaar yeh, na khwabo(n0 ke,
Na yaadon ke in mei(n) mazameen
Na soch ke dariya mei(n)
Khayalo(n) ko koi raqs
Na rail ki saati mei(n) ghuli
Shaam ki baatei(n)

In the river of memories
Nor the speed of words
Mingled with the hoot of the train
Where will it find
Sobbing moments
On the silent windows
In a little while, this day too
Will cross over
Cross over, where
The wind has stopped
Passing over tin-roofed houses;
In the dome of sound
Are echoing
The restless sighs
Of this lost day!

Alfaz ki raftaar
Kaha(n) se dhoond sakegi

Khamosh dareechon pe
Sisakte huey lamhaat
Kuchh der mei(n) yeh din bhi chALA JAYEGA
Uss paar
Uss paar jaha(n) ja ke hawa thehr gayi hai
Kuchh teen ki chat wale makano(n) se guzar kar
Aawaz ke gumbad mei(n)
Kahee(n) guunj rahi hei(n)
Iss khoye huey din ki taDapti hui aahein..

Kanti Uncle

When I saw you for the first time
Your face seemed like a poem
Today, years later, on your face
I see the same poem
But now, I don't know
Its meaning
The metaphors
The similes
Seem different;
The rhymes are the same
The rhythm
The stanzas too,
But even then
Today the poem is not the same

Mere rhymes and rhythms do not make a poem
Just as a river is not a river sans its flow
Like an ocean is not an ocean sans its depth
And a garden is not a garden sans blooming flowers

Those pools of your eyes
In which I had seen the playfulness of a waterfall

Kanti Mama

Jab tumhei(n) pehli baar dekha tha
Toh tumhara chehra ek nazm sa nazar aaya tha
Aaj barso(n) baad bhi tumhare chehrey par
Wohi nazm nazar aati hai
Lekin na jane aaj
Us nazm ke mafhoom
Istaa'rey
Tashbihaat
Badley huey lag rahe hai(n)
Qafiye wohi hai(n)
Wohi hai radeef
Behr bhi wohi
Alfaaz bhi wohi hai(n)
Lekin nazm
Aaj woh nazm nahi(n) hai

Sirf qafiyo(n) aur radeefo(n) se toh nazm nahi(n) banti
Jaise darya apni rawani ke bagair darya nahin hota
Jaise gahraai ke bagair samandar, samandar nahi(n) ho
sakta
Phool na khilai(n) toh chaman, chaman nahi(n) hota

The voice which echoed the notes of the Malhar[1]
The smile which bore
The colours of a thousand roses
Seems lost
Like an orphaned child
In the maze of a distant past
Perhaps that is why this poem
Is no longer the same one
Which I had read
On a lazy June afternoon
When I was face to face with you
Thinking of my future
And my worries
My feelings
My passions
My thoughts
Dissolved by and by
In the poem of your face
And I gradually became
A part of that poem

---

[1] Malhar: A raga or musical composition in Indian Classical music

Tumahri aankho(n) ke woh ashaar
Jin mei(n) kabhi maine aabshaar ki shokhiya(n)
Dekhi thee(n)
Woh awaz jis mei(n) malhar ke sur mile thay
Woh muskarahat jis mei(n) hazaro(n) gulabo(n) ki
Ra(n)geeniya(n) tahleel thee(n)
Ab kisi lawaaris bachchey ki tarah
Apne maazi ke kisi khandar ki
Bhool bhooliyya(n) mei(n) bhatak rahe hai(n)
Shayad isi liye yeh nazm
Ab wo nazm nahi(n) rahi
Jise maine padha tha
June ki uss dopahar ko
Jab mai(n) tumhare rubaroo tha
Apne mustaqbil ki talaash mei(n)
Aur meri fikr
Mere ahsasaat
Mere jazbaat
Mere tas'suraat
Ahista ahista tahleel hote gaye thay
Tumhare chehre ki uss nazm mei(n)

Today, when I am face to face with you
I try again
To trace the same poem of your face
Instead, I see in your eyes
A pile of shredded old newspapers
A surging throng of incidents
Increasingly surging ahead
In search of those moments
Which have been lost for long
In the dust of life's long journey
I try to read and re-read the poem
But get drawn again and again each time
To the streak of sunlight
That passes through your white hair
On which is stuck
The old caption of this poem
Only the caption
And nothing else!

Aur mai(n) banta chala gaya tha
Ussi nazm ka ek qissa

Aaj jab mai(n) phir tumhare rubaroo hoo(n)
Tumhare chehrey ki usi nazm ko dhoondhne ki
Phir koshish kar raha hoo(n)
Lekin mai(n) dekhta hoo(n) tumhari aankho(n) mei(n)
Purane akhbaro(n) ki katrano(n) ka ambaar
Sanaho(n) ka ek hujoom
Joh badhta chala aa raha hai
Un lamho(n) ki talaash mei(n)
Joh zindagi ki taweel rahguzar ki gard mein
Kabke gum ho chuke hai(n)
Mai(n) uss nazm ko padhne ki koshish kar raha hoo(n)
baar baar
Aur laut aata hoo(n) har baar
Tumhare safed balo(n) se guzarti hui
Dhoop ki uss lakeer par
Jis par chaspa(n) hai
Iss nazm ka wohi purana unwaan
Bas sirf ek unwaan
Aur kuchch bhi nahi(n)

A Chasm in the Dim Light

The Qutub's column was visible then,
Through and through,
In line with the horizon
From the spot
Where stood a grove of Neem and Peepal trees
Where, lying on cots
Every evening
We pitched tents of ambitions
As high as the Qutub[1]
Today we see the Qutub

Sometimes
From the steel window of the huge mansion
That stands where once stood
The Neem and Peepal trees
Which were bedecked for celebrations in Sawan[2]
With swings, songs and laughter
And from that window is visible the Qutub
Old and frail

---

[1] Qutub: Qutub Minar
[2] Sawan: The fifth month according to the Vikrami Hindu calendar; one of the holiest
months, also associated with the onset of monsoon

Dhundli Roshani me ek Shigaf

Qutub ki laath tab dikhaai deti thi
Nazar ki sateh ke aar paar
Ufaq se humkinaar
Uss jagah se
Jaha(n) neem, peepal ke pedo(n) ka ek jhurmut tha
Jahan charpaai par daraz
Har sham
Mustaqbil ke kheme hum khadey karte thay
Qutub jaise oo(n)chey, buland

Aaj hum qutub ko dekhtey hai(n)
Kabhi kabhi
Uss buland imaarat ki aahni khidki se
Jo uss jagah khadi hai jaha(n)
Neem-o-peepal ke ped thay
Jin par sawan mei(n) si(n)gaar chadhta tha
Jhulo(n) ka, geeto(n) ka, thitholiyo(n) ka
Aur uss dareechey se nazar aata hai qutub

Engulfed in smoke and dust
As though centuries stand imprisoned in darkness

From where shall I see the Qutub?
Even the small aperture in the mansion
Is shut
And I can only see
A chasm in the dim light
And nothing else!

Ek zaeef, laghar sa
Jise gard-o-ghubar ghere khada hai
Jaise sadiyo(n) ko tareekh jakdey huey hai
Mai(n) qutub ko kaha(n) se dekhoo(n)
Uss buland imaarat ka chhota roshandaan bhi
Ab band hai
Aur mujhey dikhai deta hai
Dhundhli roshni mei(n) ek shigaaf
Aur kuchch nahi(n)

Vancouver, Delhi and the Manuscript of My Poem

Several years ago
During my stay in Vancouver
I wrote a poem
In English
Today I found the manuscript of the poem
I had written on a greasy white paper,
Now pale
And, on that, my aquamarine words
Now faded
But the cherry flowers
That I had placed between the sheets of paper
Remind me even today
Of those beautiful days
Those magical nights
Which, like the poems of Pasternak,
Even today, like a sharp pang,
Spread in the pores of my mind

It seems as though my house
Has suddenly dissolved

Vancouver, Delhi aur Meri Nazam ka Maswida

Ek nazm thi
Joh maine angrezi mei(n) likhi thi
Vancuavar mei(n) apne qiyam ke dauran
Salo(n) pahle
Aaj ussi nazm ka masuvvada mujhe mil gaya hai
Joh likha gaya tha chikne safed kagaz par
Joh ab peela pad gaya hai
Aur uss par meri neeli roshnaai ki tahreer
Dhundhli pad gayi hai
Lekin cherry ke woh phool
Joh maine uss kagaz ki parto(n) mei(n) sajaye thay
Aaj bhi yaad dilate hain
Un khoobsoorat dino(n) ki
Un pur-afsoo(n) raato(n) ki tarah
Joh pastarnaak ki nazm ki tarah
Aaj bhi ek gahri tees ban kar
Zehn ke masamo(n) par chha jaate hai(n)
Lag raha hai ke mera yeh ghar
Yak dam tabdeel ho gaya hai
Meelo(n) tak phele neele, kaahil samandar ki

Into the sometimes sleepy, sometimes alive, dancing, playful
Waves that mingle in the stretches of the deep blue Pacific
Their feet caressed
By the tall lanky pines and oaks
On whose tips hangs
The half moon
Just arisen
From the other side of a dwarf hillock!
It seems to me as if today the same moon
Has come again
On the worn out parapets
Of my house
Seeking the whereabouts of that evening
Which I had spent
With him
In the shimmering lights of Canada Place
Amidst the intoxicated waves of the ocean
I read that manuscript again and again
But each time

Soti,jaagti, ithlati, machalti
Lehro(n) ke ijtemaa' mei(n)
Jinki qadambosi kar rahe hai(n)
Buland qad deewar, cheed, aur shah-balut ke darakht
Jinki phungiyo(n) par atak gaya hai
Woh aadha chand
Joh abhi abhi ubhra hai
Ek boni pahadi ke uss par!

Mujhe lag raha hai ke aaj phir wohi chand
Laut aaya hai
Mere uss ghar ki
Boseeda munderon(n) par
Poochhta hua, ussi sham ka pata
Joh maine guzari thi
Uske saath
Canada palace ki roshniyon mei(n) sharabor
Samandar ki un pur khumaar lehro(n) ke darmyan
Mei(n) padh raha hoo(n) uss masuvvade ko bar bar
Lekin har baar
Thehr jaati hai nazar

My eyes linger
On the dried petals
Of the cherry flowers
Which still hold the magic
Of those lazy nights
I spent in Vancouver

But the thought of that half moon
Will not let me sleep tonight
It will place, at the threshold of all my dreams,
The manuscript of my old poem
With the eternal fragrance of cherry flowers
That will take me again and again
To the banks of the Fraser
Amidst the trees of the Cherry Blossom
From one of which fell
One evening
Delicate flowers
That scattered on the manuscript of my poem
The river kept flowing
Like the lazy, slow strands of Raga Malkaus[1]

---

[1] Raga Malkaus: A raga or musical composition in Indian Classical music

Cherry ke un khushk phoolo(n) ki
Pankhudiyo(n) par
Jin mei(n) vancuvar mei(n) guzari
Un alsaai raato(n) ka fasoo(n)
Abhi abhi barqarar hai

Lekin uss aadhe chand ka tasavvur
Mujhe sone nahi(n) dega aaj raat
Joh mere har khwab ki dahleez par rakh dega
Uss purani nazm ka masuvvada
Jisme cherry ke phoolo(n) ki javedaa(n) khushboo
Mujhe bar bar laut'ati rahegi
Darya e frez ke kinare ugey
Cherry blossom ke un pedo(n) ke darmyan
Jinme se kisi ek se jhad kar
Woh nazuk phool
Bikhar gaye thay meri nazm ke masuvvade par
Ek sham
Darya tha ke bahta ja raha tha
Apni lehro(n) par, kinaro(n) par phaili roshni
Ke nageene jadta hua

Ornamenting its waves with the shimmering gems
That spread on its banks
And in those waves
I sought
The future of my own city
When, on the banks of the Yamuna,
The scent of Jamun and mango blossoms
Passing through
The windows of the morning sunrays
Will spread far into the whole city;
Which, the moon overhanging in my balcony,
Will be able to feel
In the midst of a tired melancholy night
And fill my being with the freshness of that fragrance!

O Moon!
Do not go back yet
To the tips
Of those dense trees in Vancouver
Because I must include the future of my own city
In the manuscript of that poem!

Raag malkos ki vilambit laiy ke rafter se
Aur mei(n) un hi lehro(n) mei(n)
Talash kar raha tha
Apne iss shahar ka mustaqbil
Jab jamuna ke kinaro(n) par
Aam jamun ke pedo(n) ki baas
Subah ki pehli kirno(n) ke jharoko(n) se
Guzarti hui
Phel jayegi shehr mei(n) dur dur tak
Jise meri balcony par jhuka hua chand bhi
Mahsoos kar sakega
Ek thaki thaki, afsurda raat ke darmyan
Aur mera wajood khushbu ki taazgi se bhar dega

Chaand
Tum abhi mat laut jana
Vancuvar ke un ghane darakhto(n)
Ki phungiyo(n) par
Kyu(n)ke mujhe apni uss nazm ke masuvvde mei(n)
Apne shehr ka mustaqbil bhi shamil karna hai!

An Island

A piece of the sky
Under which
A small patch of land
On which exists a tiny house
A home
Which is ours
And has been only ours!

On summer nights under the Peepal
With feet stretched out on cots
When we sat
And searched for the abodes of Jupiter and Mars
In the sapphire-studded
Starry sky
Overhead
And my mother narrated the tale
Of that island, on which
A sailor's battered boat
Caught in a storm, had drifted ashore
And on that day

Jazeera

Ek tukda aasma(n) ka
Uske neechey
Mukhtasir khitta-e-zamee(n) ka
Jis pe chhota sa maka(n) hai
Ek ghar hai
Joh hamara hai
Hamee(n) sabka raha hai!

Garmiyo(n) ki raat mei(n) peepal ke neechey
Charpai par pasarey paao(n)
Jab hum beth'tey thay
Aur sitaro(n) se bhare
Neelam jadey
Sar par khadey
Uss aasma(n) par
Mushtari, mareekh ke ghar dhoondhte thay
Aur meri maa sunati thee(n) kahani
Uss jazeere ki, ke jis par
Ik jahazi ki shikasta koi kishti

That sailor
Surrounded by the sea on that island
Stood alone
All around him
An unending expanse
Of the deep sad sea
Everywhere were insane winds
The sea
And silence
But no human beings!
There were days
When restlessness for my return
Swam in your eyes
And you met me at the threshold
Even before the sound of my footsteps
And came forward and wiped
Streaks of sweat from my forehead
With your orange scarf
Whose pleasant earthy smell of poppy
Still wafts over

Gardish-e toofa(n) mei(n) pha(n)s kar, aa lagi thi
Aur uss din
Woh jahazi
Uss jazeere par samandar se ghira
Tanha khada tha
Har taraf matam zada
Gahrey samandar ki
Musalsil wus'atei(n) thee(n)
Har taraf pagal hawaei(n) thee(n)
Samandar tha
Khamoshi thee
Magar insaa(n) nahi(n) thay

Woh bhi din thay
Jab mere ghar lautne ki beqarari
Tairti rahti thi aa(n)kho(n) mei(n) tumhari
Aur mere paao(n) ki aahat se pahle
Tum mujhe milti thee(n) darwaze pe aakar
Po(n)chch deti thee(n) paseene ki lakeerei(n)
Meri peshani se badhkar

The cracks of silent doorways
Clinging to me
On wintry nights
You gave me the feeling of warm sunshine
Entrusting dreams of infant butterflies
To my eyes!

On the rhythm of lusty awakenings
You kissed my eyelashes and invited me
From the land of my dreams
Even today, the sound of your silvery voice
Seems to sing the Heer[1]
In my ears!

But now nowhere
Lingers the aroma of steam dancing over a cup of tea
Nor at the aromatic smell of garnishing
Is there insistence to eat another bite
I wonder why
The infant butterflies of my dreams

---

[1] Heer: A song about the love story of Heer and Ranjha, legendary lovers in the state of Punjab

Apne narangi dupatte se
Ke jiski khas ki sondhi baas
Abtak terti hai
Sooni dahleezo(n) ki zad mei(n)

Sardiyo(n) ki raat mei(n)
Mujhse lipat kar
Gunguni si dhoop ka ehsaas dekar
Khwab aa(n)kho(n) ko thama deti thee(n)
Nanhi titliyo(n) ke!
Toot-ti angadiyo(n) ki ley pe
Palkei(n) choom kar mujhko bulati thee(n)
Mere khwabo(n) ke ghar se
Aur tumhari nuqrai awaz ke sur
Aaj bhi kaano mei(n) mere

Heer gaate lag rahe hai(n)!
Par kahi(n) ab
Chaai ke pyale pe raqsaa(n) bhaap ki khushboo nahi(n)
hai

Have grown up and flown away
Winds bang against the doors of the house
And shatter to pieces
And your silvery voice,
Perhaps tired,
Sleeps since long
In the back alley

Where are those rooms in the house
Bathed in smiles
The kathak[1] of joy
In the theatre of roaring laughter?
The birds of longings
The glow worms of hot passions
Have hidden themselves
In the bushes of the valley of age
Life now merely remains
On the TV screen
Like the nine p.m. soap every night

---

[1] Kathak: A Classical Indian dance form that narrates a story, originally from the word 'katha' meaning story

Chhaunk ki sondhi mehak par
Ek roti aur khane ka koi israr
Jane kyu(n) nahi(n) hai

Mere khwabo(n) ki woh nanhi titliya(n)
Hokar jawaa(n) udd gayi hai(n)
Ghar ke darwazo(n) se takrakar hawaei(n)
Para-para ho rahi hai(n)
Aur tumhari nuqrai awaz
Peechey ki gali mei(n)
Thak ke shayad
So gayi hai

Hai(n) kaha(n) woh muskurahat mei(n) nahaye
Ghar ke kamre
Qahqaho(n) ke jalsa-ghar mei(n)
Shadmani ka woh kathak
Aarzoo'o(n) ke parindey
Garm jazbaato(n) ke jugnoo

There is no crease
On the grey sheets of the cold bed

I feel that I am
Like the lonesome sailor of those tales
Lying forlorn
On the island
Around which on all sides
Is nothing except the deep sea
A lonely sky sleeps
Above the tip of the coconut tree
The winds have halted
And I, living alone on the island,
Feel as though
I myself have become an island!

Umr ki wadi mei(n) pheli jhadiyo(n) mei(n)
Ja chhipe hai(n)
Zindagi ab rah gayi hai
Tv ke parde pe
Har shab nau bajey ke serial si
Sard bistar ki saleti chadaro(n) par
Ab koi silwat nahi(n) hai
Mujhko lagta hai, ke mai(n)
Qisso(n) ke uss tanha jahazi ki tarah
Ab aa pada hoo(n)
Uss jazeere par
Ke jiske har taraf
Gahre samandar ke siwa, kuchch bhi nahi(n) hai
Nariyal ke ped ki phu(n)gi ke oopar
Ek tanha aasma(n) soya pada hai
Aur hawaei(n) tham gayi hai(n)
Aur mai(n) tanha jazeere ki zamee(n) par
Jeete jeete
Lag raha hai
Khud jazeerah ban gaya hoo(n)

Echoing Sounds

I feel as though this day is the last day of my life
The coming days no longer knock at the door of my
dreams
Someone holds my hand and guides me to the side
Where calendars of several past years on the walls
Dusty torn out yellowing pages of an old diary
And old letters that tell forgotten tales
Verses of an unfinished poem on some pages
Remind me of times gone by
That I have lived in the closed room of my silence
In the solitary niche of my breaths
Striving hard to give a name to my voice
By giving your voice to my words
The seer of my memories
On the same mound of the past
Has stopped again today,
Stands there again today,

Bazgasht

Mujhe lagta hai ye din zindagi ka aakhri din hai
Mere khwabo(n)pe dastak tham gayi hai roz-e-farda ki
Meri u(n)gli pakad kar le chala hai koi uss jaanib
Jaha(n) deewar par pichhle kai barso(n) ke calendar
Purani diary ke gard-alooda phatey pan'ney
Purane khat ke jin mein zikr tha un bhooli baato(n) ka
Adhoori nazm ke ash'aar kuchch kaghaz ke purzo(n) par
Dila jaate hai(n) phir se yaad uss waqt-e guzishta ki
Ke jiss ko maine apni khamushi ke band kamrey mei(n)
Jiya tha apni sa(n)so(n) ke kisi veera(n) goshay mei(n)
Jahan awaz ko unwan dene ki gara(n) koshish
Kiya karta hoo(n) mai(n) alfazko teri zaba(n) dekar
Meri yado(n) ka paighambar
Usi maazi ke teeley par
Ruka hai aaj phir aakar
Khada hai aaj phir jakar

And calls me "You also come forth
Take a look at the sky from here
See the same forlorn world
And, lost in the dust-laden path,
See the imprints of the destination
Thereafter you can disappear...if you wish".
In the niche of the same past
Amidst the cluster of books on the old ebony table
There lies somewhere, a diary
In which even now remains
The fragrance of your name!

Mujhe awaz dekar kah raha hai tum bhi aa jao
Yahan se aasma(n) dekho
Wahi khoya jahan dekho
Ke gard-e-raah mein(n) khoye
Who manzil ke nishan dekho
Phir iske baad tum tahleel ho jana ... agar chaho
Usi maazi ke goshaey mei(n)
Ke jis ki abnoosi mez par rakhi kitabo(n) mei(n)
Kahi(n) woh diary bhi hai
Ke jis mein ab talak baaqi hai
Tere naam ki khushboo

Friendship

The Portrait

That portrait was half done
Merely a few lines, a few sketches, a few colours
And from behind them a peeping turmoil
With which was intertwined the restless waiting
Of my questioning eyes!

You had said
The colours of the imagination are not same
As seen in a rainbow at the scene of rain
Neither is it a floral spread in an exhibition
Or an array of dresses sold in bazaars
Nor is it the exhausted, faded smile of a prostitute
Nor a fleeting acquaintance made in a whore-house
The colours of the imagination are roused
When a vagabond cloud
Touches the flashing streaks of lightning
And disappears in the sky
When the endless ocean of memories
Entangles in the tattered sail

Ek Tasweer

Woh tasveer adhoori thi
Thay faqt kuchch khuttot, kuchch khake, kuchch ra(n)g
Aur unse jha(n)kta hua ek inteshar
Jinse hum-aaha(n)g thay meri sawaliya nigaho(n) ke
Musalsil intezaar

Tumne kaha tha
Ra(n)g-e takhayyul koi qaus-e-quzah nahi(n) hai
Jise dekha ja sakta ho barsaat ke pas manzar mei(n)
Woh nahi(n) hai numayish gaah mei(n) saja gulposh
Ya bazaro(n) mei(n) bikti poshako(n) ka dher
Woh nahi(n) hai kisi fahesha ki thaki thaki dhundhli
muskaan
Na hi ishrat gaho(n) mei(n) bani koi waqti pehchan
Ra(n)ge-e takhayyul bedaar hotey hai(n)
Jab koi awara badal
Bijli ka jism chhukar achanak aasmano(n) mei(n)
Ru-posh ho jata hai
Jab yado(n) ka bekara(n) samandar

Of a drifting boat caught in a whirlpool
When the gentle strains of Raga Bhatiyar[1] rise above
The silent hutments
When someone gently knocks with soiled hands
At doors closed since ages
Or a lost bird appears suddenly at a half-closed window
Or when there appear on posters hung at crossroads
The fading contours of the virginity of a devadasi[2]
Or when an innocent child
Breathes his last in slow spasms
In a damp, dimly-lit, unpleasant, dingy hutment
When silence passes through the deserted streets of
loneliness
And transforms the long moments of wait into a frozen
sea
Colours commence in millions of specs of light
That sparkle suddenly
In the valleys of imagination
And spread out sensationally
Like icy wind

---

[1] Raga Bhatiyar: A raga or musical composition in Indian Classical music
[2] Devadasi: Literally a servant of a deva (god) or devi (goddess); traditionally a girl 'dedicated' to the worship and service of a temple or deity

Kisi gardab zada bhatakti hui kishti ke

Taar taar badbano(n) se ulajh jata hai

Jab san-nato(n) ki basti mei(n)

Larzeeda jhutputo(n) se

Bhatiyar ka mad-dhamsur ubharta hai

Jab barso(n) se band darwazo(n) par

Koi gard alood hatho(n) se holey holey dastak deta hai

Ya koi bhatka hua parinda, kisi adh mundi khidki par

Achanak namudar ho jata hai

Ya jab kisi devdaasi ki dosheezgi ke gumshuda huroof

Chauraho(n) par lagey ishtaro(n) mei(n)

Numaya(n) ho jate hai(n)

Ya kisi seelan bhari, neem tareek, badbudar, ghaleez

kothri mei(n)

Koi masoom bachcha

Sisak sisak kar dam tod deta hai

Jab khamoshi tanhaai ki sunsaan galiyon se guzarti

Kisi taveel intezaar ko munjamid samandar mei(n)

tabdeel kar deti hai

Rango(n) ki ibteda toh un yak-lakht ubharne waali

And then dissolve suddenly, without reason
Into the dark caverns of unfulfilled dreams,
And
Half-hewn remain
The statues of Easter Islands, unshapely and distorted
That sob till today
Like unfulfilled desire in the realm of creativity!
And you kept seeking in my eyes
Blurred signs of the same unfulfilled dreams
The same madness, the same bewilderment
The same eagerness, the same feeling
Which perhaps you could not find
In the circles of my eyes
And then you went silent
All of a sudden!
Then that day
When we met again after years
The same oceans of silence surged again

Karodo(n) tajal-liyo(n) mei(n) hai
Joh takhayyul ki wadiyo(n) mei(n)
Kisi barfani hawa si
Sansanati hui phel jaati hai
Aur phir achanak, bila-wajah
Kisi adhurey khwab ki gharo(n) mei(n)
Yak dam gum ho jaati hai
Aur neem saakhta padey rah jaate hai(n)
Easter island ke maheb, qad-awar mujassimey
Joh takhleeq ki sar-zamee(n) par ek kasak ban kar
Sisak rahe hai(n) aajtak
Aur tum dhoondh rahe thay meri nigaho(n) mei(n)
Usi kasak ka matmela nisha(n)
Ek pagalpan, ek deewangi
Ek ishtiyaq, ek jazba-e-ehsaas
Jo shayad nahi(n) mila tumhe
Meri nigaho(n) ke dayro(n) mei(n)
Aur tum ho gaye thay khamosh
Yak-lakht

Between us
The same half-done portrait
In the backdrop of the crimson wall
Was kept on the easel, in the same way
As it was on that day!
Like the half-hewn statues of Easter Island!
And I saw
You staring out of a half-open window
Searching for a rainbow
That was beyond the ambit of my eyes
Far, far away!

Phir uss din

Jab hum barso(n) baad mile

Toh khamoshi ke wohi samandar phir se maujzan thay

Hamarey darmiyaan

Aur wohi adhoori tasveer

Arghwani deevar ke pas manzar mei(n)

Easel pardesi hi rakhi thi

Jaisi thi uss din

Easter island ke neem tarashey buto(n) jaisi

Aur maine dekha

Tum adh-khuli khidki se

Bahar dekhte ja rahe thay

Kisi qaus-e-quzah ki talash mei(n)

Joh meri nazar ke dayre se du'r thi

Bohot du'r

For You, My Friend

My poem is not a panegyric.
It may be, perhaps
That you don't like it!
It's not that I haven't written panegyrics
But when I wrote them
I had written to the free winds,
To the drunken, grey evening,
Written, to the helpless lamps in damp nights,
To the virgin sunlight spread over the mountains!
I wrote of [1]Nanak, [2]Kabir, Baba Farid[3]
Of Bulleh Shah[4] and of Waris Shah's[5] Heer
Of the destiny of helpless terrorised human beings
Who continue to be buried
In the dark dungeons of history
Centuries through centuries!

It may be that my couplets
Seem strange to you
Like a half-naked madman

---

[1] Nanak: Guru Nanak, the first Sikh guru and founder of the Sikh religion in India
[2] Kabir: A mystic poet and saint of India, during the Bhakti movement
[3] Baba Farid: A Sufi saint and Muslim missionary in Punjab
[4] Bulleh Shah: A Punjabi Sufi poet, humanist and philosopher
[5] Waris Shah: A Punjabi Sufi poet of the Chisti order, renowned for his contribution to Punjabi literature, most famous of which is 'Heer Ranjha'

Narender ke Liye

Meri yeh nazm qaseeda nahi(n) hai
Ho sakta hai, shayad
Tumhei(n) pasand na aaye
Yeh baat nahi(n) ke maine qaseedey nahi(n) likhey
Lekin jab likhey
Khuli hawao(n) ke naam likhe
Matwali, surmayee, sham ke naam likhe
Likhe, seeli raato(n) mei(n) larza(n) chiragho(n) ke
naam
Parbato(n) pe pheli k(n)wari dhoop ke naam
Maine zikr kiya
Nanak, kabir, baba fareed ka
Bulley shah aur waris shah ki heer ka
Un bekas, dehshat zada insano(n) ki taqdeer ka
Joh tareekh ki siyah gharo(n) mei(n)
Dafn hotey gaye
Sadiyo(n) dar sadiyo(n)

Ho sakta hai mere asha'ar
Tumhe ajnabi lagey ho(n)
Shahar mei(n) bhataktey huey

Lost in the city!
My words might seem
Rough, ill-crafted, meaningless
Because they were engendered
In the womb of those trenches
Which have, in the searing Baisakh[1] heat,
Soaked the hoarse cries of street vendors
The rising and sinking calls of tea-sellers at stations;
The noise of cars running endlessly on city roads,
The cries of an old woman engulfed in dust and smoke,
The helplessness of oxen trudging a cart
Sunk in the marsh on a muddy track in some distant
village
Or the screams of silent time
In the dark recesses of the mind,
And conjured
Horrifying images in the mind.
You will certainly find my poem strange
Because where you now dwell
There is no comprehension of
These words, these voices

---

[1] Baisakh: The second month of the Vikrami Hindu calendar, falling usually in the months of April-May

Ek neem barhana, majnoon ki tarah
Mere alfaz lage ho(n)
Khurdure, be-sakhta, be-mafhoom
Kyu(n)ke unka namoo hua hai
Un khandaqo(n) ki kokh se
Jinme baisakh ki jhulasti dhoop mei(n)
Khwancha walo(n) ki karakh't awaz
Station'o par chai farosho(n) ki ubharti, doobti
sadaei(n)
Shahar ki sadko(n) par be-panah daudti hui gaadiyo(n)
ka shor
Dhuei(n) aur gard mei(n)malboos kisi zaeef ki karahat
Gao(n) ki kachchi sadko(n) par
Keechad mei(n) dha(n)si bel-gadi ko khee(n)chte huey
Belo(n) ki bekasi, lachari
Ya zehn ke siyah khano(n) mei(n)
Khamosh waqt ki cheekh-o-pukar
Tahleel ho kar
Tasavuur ke haibat nak mujassimo(n) ki
Takhleeq kar rahi hai
Tumhe meri nazm zaroor ajeeb lagegi

These feelings, these thoughts,
You are a resident of the pleasure palace
From whose grand arches even the Qutub Minar
Seems dwarfed
The moon caught in the transparent lace
Spreads a mysterious mesh of rays
On the grandiose sofa in your bedroom
And you
Drown yourself in the velvety voice of Mehdi Hassan[1]
Wafting from the music system
You cannot see the universe
Whose screeching sounds
Lamentations
Hues and cries
Protests, helplessness
Depression, restlessness
Give birth to my thoughts
Every day, every evening!

---

[1] Mehdi Hassan: Famous Pakistani ghazal singer

Kyu(n)ke tum jaha(n) ho
Waha(n) in alfaz ki, awazo(n) ki
Ehsas-o- tasav'vurat ki rasai nahi(n) hai
Tum to muqeem ho uss nishat gaah ke
Jiski buland mehrabo(n) se qutub minar bhi
Bona dikhai deta hai
Billori jhalar mei(n) atka chand
Tumhare shabistano(n) ke aalishan sofe par
Kirno(n) ka ek tilasmi jaal bichcha deta hai
Aur tum
Musi system par ubharti hui
Mehdi hasan ki makhmali awaz mei(n) doob jaate ho
Nahi(n) nazar aati tumhe wo kayenat
Jiski khuduri awazaei(n)
Aah-o-fugha(n)
Ha(n)game aur cheekh-o-pukar
Afsurdi, bebasi
Lachari, beqarai
Mere takhayyul ko janam deti rehti hai
Har din har sham

Pain

O friend! How should I tell you what pain is!
Pain is an inked line on crystalline glass
A worn out wooden beam in a deserted house
As though acrid acid has mingled in Gangajal[1]
As though cold blood has congealed on a tattered scarf
It is the thick rising darkness on the closed shutters of
evening
A silent cry clinging to the torso of night
A strange expanse of darkness over bright daylight
A small smouldering bonfire of yellow leaves
A veil of mist spread in the month of Magha[2]
Like the sobbing shadows that loom on Deodars
Like a shroud of hardened snow on mountain peaks
Or like the fate of a desperate wind
A thorn buried deep in the layers of a delicate heart
Or a deep heavy breath arising haltingly
O friend! How should I tell you what pain is!
Pain is the silent cry of bruised feelings
An emerging memory on cold wintry nights
Pain is like tears, a pulsation, a tempest too

---

[1] Gangajal: Holy water from the river Ganga
[2] Magha: The eleventh month in the Vikrami Hindu Calendar, falling usually in the months
of January-February

Dard

Dard kya hai mei(n) tumhe kaise bataoo(n), ae dost!
Ek shaffaf se sheeshe mei(n) syahi ki lakeer
Ek ujde se maka(n) ka koi khasta shahteer
Tursh tezab ho jaise mila ga(n)gajal mei(n)
Sard khu(n) jaise jama sa ho phate aa(n)chal mei(n)
Sham ke band dareecho(n) pe ghani shab ka ubhar
Raat ke jism se lipti koi khamosh pukar
Roz-e-roshan mei(n) andhero(n) ka ajab sa phelao
Zard patto ka sulagta hua chhota sa ala'o
Maagh mei(n) dhund ki pheli hui chadar ki tarah
Deodaro(n) pe sisakte huey sayo(n) ki tarah
Kohsaro(n) pe jami barf ki chadar jaisa
Ya kisi baad-e-paresha(n) ke muqaddar jaisa
Dil ki nazuk si taho(n) mei(n) ho gadi koi phaa(n)s
Jaise ruk ruk ke ubharti ho koi gehri saa(n)s

Dard kya hai mei(n) tumhe kaise bataoo(n), ae dost!

Dard ek shiddat-e-ehsaas ki faryad sa hai
Sard raato(n) mei(n) ubharti hui ek yaad sa hai
Dard aa(n)soo bhi hai, dhadkan bhi hai, toofan bhi hai

An urge, a whirlwind, a sinew of life
Let it remain hidden somewhere in the fissures of the heart
Or far away on the shores of the ocean of faded times
Pain is a poem, a wound, a pulsation
It is an innocent childhood breathing its last on a pavement
It is like the hailstones hitting on the tin sheds
Or like the lapping flames of a wildfire in the forest

O friend! How should I tell you what pain is!
It is to feel as though neither spring has come nor monsoon rain
It is to feel as though the Laburnums have not blossomed this time
It is to feel as though the birds have not chirped on the parapets
Nor flowers bloomed, nor the cuckoo has sung in this house

O friend! How should I tell you what pain is!
It is like losing the path somewhere in the wilderness
It is like losing a childhood memento

Ek KHaliSH, ek bagola hai, rag-e-jaan bhi hai
Dard rahne do nihaa(N) dil ki daraDo(N) mei(N)
kahi(N)
Daur-e-maazi ke samandar ke kinaro(N) mei(N) kahi(N)
Dard ek nazm bhi hai, zaKHm bhi hai, dhadkan bhi
Saybano(N) pe baraste huey olo ki tarah
Kabhi ju(N)gal mei(N) lagi aag ke sholo ki tarah

Dard kya hai mei(N) tumhe kaise bataoo(N), ae dost!

Aisa lagna ke bahar aayi na sawan ki phuhaar
Aisa lagna ke Amaltas na phoole iss baar
Aisa lagna ke mundero(N) pe na chehke panchchi
Na khile phool, na koyal kabhi iss ghar kooki

Dard kya hai mei(N) tumhe kaise bataoo(N), ae dost!

Jaise ek daSHT mei(N) raho(N) ka kahi(N) kho jana
Jaise bachpan ki niSHani ka fana ho jana
KHuSHnuma KHwab ka aa(N)kho(N) se juda ho jana
Chandni ka jawa(N) raato(N) se KHafa ho jana

The estrangement of a fascinating dream from the eyes
The chagrin of moonlight with youthful nights

O friend! How should I tell you what pain is!
It is like the burning hunger in a poor man's belly every
morning
The countenance of a tear-smeared child
The stifled sighs in the chest of an oppressed one
The anguished gaze of an abducted child
Like an old man breathing his last on a pavement
Like the youthful aspirations of a prostitute
It is like a pulse that beats in each vein of the heart
Dissolved deep in the mind like darkness on a
moonless night

O friend! How should I tell you what pain is!
A dwarf tree in the midst of a wilderness
A difficult path through a deserted valley
Like the passion of lashing waves
Like a forgotten story from the past
A hope that doesn't let one die
A despair that doesn't let one live

Dard kya hai mei(N) tumhe kaise bataoo(N), ae dost!

Kisi muflis ke SHikam-soz savere jaisa
KHuSHK ASHko(N) se bhare tifl ke chehre jaisa
Kisi mazloom ke seene mei(N) ghuti aaho(N) jaisa
Kisi aGHwa-shuda bachchey ki nigaho(N) jaisa
Kisi footpath pe dam toDte ek boodhey jaisa
Ek tawaif ki jawani ki uma(N)go jaisa
Dil ki har rag mei(N) jo pe-wast hai dhaDkan ki ki tarah
Zehn mei(N) jazb, amawas ke andhere ke tarah

Dard kya hai mei(N) tumhe kaise bataoo(N), ae dost!

Ek bona sa SHajar daSHT-e bayaban ke beech
Ek duSHwar dagar wadi-e-veeraan ke beech
Sar paTakti hui lehro(N) ki jawani ki tarah
Ahd-e-maazi ki kisi bhooli kahani ki tarah
Ek ummed si marne bhi nahi(N) jo deti
Na-ummeedi si jo jeene bhi nahi(N) deti kabhi

Dard kya hai mei(N) tumhe kaise bataoo(N), ae dost!

O friend! How should I tell you what pain is!
You will find pain concealed in the sighs of the oppressed
You will find pain hidden in the eyes of a despised lover
You will find pain wrapped around the youth of the destitute
You will find pain in the thoughts of a poet
Feel it, just feel it!

Dard mazloom ki aaho(N) mei(N) chhipa paogey
Dard aaSHiQ ki nigaho(N) mei(N) chhipa paogey
Dard muflis ki jawani mei(N) ghira paogey
Dard Shayar ke KHayalo(N) mei(N) chhupa paogey
Isey mahsoos karo, bas isey mahsoos karo !

Dejection

Benumbed

Now no sound is heard
Except a kind of rustling
A crawling on the cold floor
Of numerous ants
Which, restless in their search,
From floor to wall
Circle endlessly
Again and again!

The sound that emerges
Is the heaving of the breath
Striking against the quietude
That gets slowly absorbed
In the frozen mountains of silence!
The days feel strange
Changeless
Sans colour, sans light and sans sense,
And evenings
Exhausted
Sad, melancholy and fretful

Anjumaad

Ab koi awaz nahi(n) aati
Bas ek sar-sarahat si hai
Thandey farsh par re(n)gti
Beshumaar chee(n)tiyo(n) ki
Jo kisi talash mei(n) beqaraar
Farsh se deewaro(n) ka
Karti rehti hai(n) tawaaf
Bar bar

Joh bhi awaaz ubharti hai
Woh sa(n)so(n) ke mad-o-jazar se
Takratey huey san-nato(n) ki hoti hai
Joh rafta rafta khamoshi ke munjamid koh-saro(n)
mei(n)
Jazb ho jati hai
Ajeeb lagne lagte hai(n) din
Yaksaa(n), yaksaa(n) se
Be-ra(n)g, be-noor, be-shao'or
Aur shamei(n)
Thaki thaki si
Udaas, afsurda, bad-hawas

Only sometimes at the abandoned windows of passion
Your memories knock slowly like the soft notes of
Komal Gandhar[1]
And the night turning into dreams
Begins to tell the tales of Hatimtai[2]
The melodies of Mallika Pukhraj
The songs of Begum Akhtar,[3]
In the dim light of the flickering lamps
Waiting for some golden morn
The night gets exhausted

And sometimes even this does not happen
And nothing else
In the anonymous, purposeless, silent, forsaken
Regime of my universe,
In a limited dark sky
The emergence of dawn
Is perhaps not possible!

---

[1] Komal Gandhar: A musical note in Indian Classical music
[2] Hatimtai: A mythical character in 'Tales from the Arabian Nights'
[3] Mallika Pukhraj & Begum Akhtar: Legendary singers of Pakistan and India

Bas kabhi kabhi
Jazbat ke tareek dareecho(n) par
Tumhari yado(n) ka komal gandhaar
Ahista ahista dastak dene lagta hai
Aur raat khwabo(n) mei(n) tabdeel hokar
Sunane lagti hai hatim tai ke qis-sey
Mallika pukhraj ke tarane
Begum akhtar ke naghmey
Mad-dhim chiragho(n) ki ladkhadati roshni mei(n)
Kisi sunehri subah ka intezar karte karte
Thak jaati hai

Aur kabhi yeh bhi nahi(n) hota
Kuchch bhi nahi(n)
Meri iss gumnam, be-muqam, khamosh tareek
Kayenat ke nizam mei(n)
Ek mahdood, abnoosi aasman par
Sehar ka namoodar hona
Shayad mumkin nahi(n) hai

The End

Whom should I ask why this bogie was detached
Why the rest of the train left
Leaving behind only this compartment
On the small station
Of this quiet, deserted village?
Which is this nameless village?
I don't even know.

Darkness, perhaps, has swallowed
The signboard of the station
I see no other passenger
Where are my fellow passengers who were on-board
this bogie?
I only feel
The silence that sprawls
On the cold vacant seats of this compartment
I hear
The whistling echoes
Of my own tremulous breaths

Ikhtetam

Kis se poochoo(n) ke ye dibba yahan kyu(n) cut gaya
Kyu(n)chali gayi baaqi train
Bas isi dibbey ko chhodkar
Iss khamosh, sunsaan gao(n) ke
Chhotey se station par
Kaun sa gao(n) hai yeh?
Yeh bhi nahi(n) maloom

Andhera shayad station ke signboard
Ko bhi nigal gaya hai
Nahin aata hai nazar koi aur humsafar
Joh mere saath iss dibbey mei(n) sawar thay Kaha(n) gaye?
Bas mehsoos hota hai
Dibbey ki khali thandi seato(n) par
Pasra hua san-nata
Sunai deti hai bas
Apni hi larza(n) sa(n)so(n) ki
Sayei(n) sayei(n)

Where have all the passengers gone?
Why has the train left?
Why did this bogie stop?
On this dark platform
Should I accept that this nameless village

Was my destination?
Did I knowingly, for this reason, board this
compartment
Which had to get detached here?
Perhaps this was my reality

My fate
Or was there a worn out belief in my mind
That made me board this compartment
Which did not have to go anywhere from here

I sit here even now
In this compartment,
With this hope
That another train will come
And take this bogie along

Kaha(n) gaye sab musafir?
Kyu(n) chali gayi train?
Kyu(n) cut gaya yeh dibba?
Iss tareek platform par

Kya mai(n) samjhoo(n) ke meri manzil
Yeh benaam gao(n) tha?
Kya mai(n) jaan boojh kar isi wajah se iss dibbey mei(n)
sawar hua tha
Ke jise yahi(n) cut jana tha?
Shayad yeh hi meri haqeeqat thi
Yehi muqaddar

Ya tha koi mere zehn ka boseeda aitbaar
Joh mujhey isi dibbey mei(n) sawar karwa gaya
Jise yaha(n) se aagey kahi(n) nahi(n) jana tha
Mai(n) baitha hoo(n) abhi bhi
Issi dibbey mei(n)
Issi umeed ke saath
Ke kabhi ek aur train aayegi
Aur iss dibbey ko apne saath le jayegi

Wrapped in the blanket of a thick fog
The station appears to be a mystery
And this empty compartment
An unintelligible hallucination
The dove of my shaking faith
Perched on the ramparts of my feeble hope
Seems to say again and again
"Don't wait for the departure of this bogie from here
Because your journey was destined to end here
For it is not essential that every incomplete road
Must have a destination!"

Gahrey kohrey ki chaadar mei(N) lipta station
Nazar aa raha hai ek tilasm jaisa
Aur yeh Khali dibba
Ek purasrar fareb jaisa
Mere laGHar aitbaar ki faseel par bethi
Aitmaad ki fakhta
Kahti hai baar baar
Mat karo iss dibbey ke yaha(N) se jaane ka intezaar
Ky(N)ki tumhare safar ka iKHtetam yahi(N) par tha
Kyu(N)ki har adhoore raaste ka manzil pa jaana
Zaroori nahi(N)

This Exhausted Day

This exhausted day passed just like that
Evening, on the sleeves of moments,
Darned patches of light on the night
This sobbing sad wind
Slumbered long ago at my threshold
And moonlight, caressing the windows of night,
Went home quietly, long ago

I seek in this dusky haze
Footprints of journeymen of the past
And search in the sky
Lost caravans of stars

Now, in a little while,
Sleep will gently tickle me
And then with her soft hands
Stealthily open some page
Of the closed diary on the table
On which I might have written
A narrative of my nights,

Yeh Thaka Din

Yeh thaka din guzar gaya yu(n)hi
Shaam lamho(n) ki aasteeno(n) mei(n)
Roshni ta(n)kti rahi shab ki
Siskiya(n) leke yeh udaas hawa
Ghar ki chaukhat pe so gayi kabki
Chandni raat ke dareecho(n) ko
Chhoo ke chupchaap ghar gayi kabki

Dhoondta hoo(n) mai(n) in dhundalko(n) mei(n)
Naqsh-e pa kal ki rahguzaaro(n) ke
Aasma(n) par talash karta hoo(n)
Gumshuda karwa(n) sitaro(n) ke

Ab zara der baad mujhko bhi
Neend holey se gudgudayegi
Aur phir apne narm haatho(n) se
Mez par band diary ka koi safha
Aakey chupke se khol jayegi
Jisme shayad kabhi likhi hogi
Maine tafseel apni raato(n) ki

In my terrified thoughts
About things long forgotten

Then later, after a long time,
The wind will awaken me
And at the threshold of my house
There will be the beginning of a new day

What was published in the newspaper yesterday
Will be reprinted again today
The blood that spilled on the roads yesterday
Might have congealed on consciences
Who knows what punishment will be pronounced
For this new day under the prescribed laws
Who knows how many corpses
Will find place in the annals of tomorrow
And this day, too, like yesterday
Wounded and exhausted
Will sit quietly
In the arms of the dark night.

Apne dahshatzada khayalo(n) mei(n)
Bhool bisri purani baato(n) ki

Phir bohot der baad dheerey se
Mujhko aakar hawa jagayegi
Ghar ki dahleez par naye din ki
Phir se ik aur ibtedaa hogi

Kal jo akhbaar mei(n) chhapa tha wahi
Aaj phir se likha hua hoga
Khoon joh kal baha tha sadko(n) par
Woh zameero(n) pe jam gaya hoga
Kaun jane ke iss naye din ki
Zer-e difaat kya sazaa hogi
Kaun jaane ke kitni laasho(n) ki
Kal ki tareekh mei(n) jagah hogi
Aur yeh din bhi kal ke din ki tarah
Zakhm khaya hua thaka manda
Raat ki zulmato(n) ki baa(n)ho(n) mei(n)
Jaake chupke se baith jayega

A Long Journey

We have journeyed for long
But why have the feet stopped now?
Why are the feet tired?
What has happened
That has surprised the travelling wind
And makes it go astray?
Those who accompanied me, departed
Changing direction on the way
And I stood there all alone
At the spot where I beheld
An exhausted sky, still shimmering with the Milky Way,
Absorbed in whose vastness
Was a lost sign of my destination.
I don't know what has happened?
Perhaps someone has sentenced my feet
Done something
The voice that was
The shadow that was
The feel of the lingering scent that was
That I had met on the way

Ek Lamba Safar

Ek lamba safar humne taiy kar liya
Par isi gaam par paao(n) kyun ruk gaye
Paao(n) kyun thak gaye
Aisa kya ho gaya
Ke musafir hawa bhi thithakne lagi
Aur bhatakne lagi
Joh mere saath thay, wo bichchadtey gaye
Raah par, apni simtei(n) badalte gaye
Mai(n) akela wahan parr khada rah gaya
Uss jagah jis jagah dikh raha tha mujhe
Kahkashan se bhara, par thaka aasma(n)
Jazb tha jiski tareekiyo(n) mei(n) kahin
Meri manzil ka ek gumshuda sa nisha(n)
Janey kya ho gaya?
Mere qadmo(n) ko koi saza de gaya
Jane kya kar gaya
Woh jo awaz thi
Woh jo parchhayee thi
Woh jo khushboo ki soorat mere saath thi
Joh mili thi mujhe raah mei(n) hi magar

Has got lost suddenly
And I am left standing on my feet all alone
Just thinking
Now there is nothing at all
Now there is nothing at all!

Phir achanak na jane kaha(n) kho gayi
Aur mai(n) qadmo(n) pe tanha khada rah gaya
Bas yehi sochta
Ab toh kuchch bhi nahin
Ab toh kuchch bhi nahin

I am Passing through Strange Times

In the silent confines of my life
Neither the treachery of sun and shade, nor the flaming
passions of Gulmohar
Neither the youthfulness of moonlight, nor the interlude of the galaxy
Neither is the sky mine, nor this earth
Neither my home, nor my path do I believe in
I see the winds smashing their heads
And myself adrift in a murky world
Crowded roads, crowded bazaars
Patience breathing its last on dusty pathways
Streets panting in the lap of smoke
Humans trapped in the prickly air
Neither the speeches of squealing winds in grasslands
Nor the picture of dark clouds in the sky
Neither oceans of laughter, nor rivers of ecstasy
Neither words of love, nor delicate beauty
Existence itself is like the season of fall
The universe but a ceaseless occurrence of events
In which I have been adrift for long
Ah! I am passing through strange times!

Ajeeb Daur Se Ho Kar Guzar Raha Hoon Mein

Meri hayat ke khamosh bund kamro(n) mein
Na dhoop chhao(n) ki bazigari, na gul muhar ke alaao
Na chandni ka la(d)akpan na kehkasha(n) k pa(d)ao
Na aasman hi mera nay eh zamee(n) meri
Na ghar mera, na mera raahguzar ko hi yaqee(n)
Mei(n) dekhta hoo(n) hawao(n) ko sar patakte huey
Dehar ki gard mein khud ko kahin bhatake huey
Hujoom se bhari sa(d)kein, bhare huey bazaar
Ghubaar-e-raah mein dum to(d)ta hai sabr-o-qarar
Dhuyei(n) ki gode mei(n) dum to(d)ti hui galiya(n)
Hei(n) khaar daar qaid ab insa(n)
Na sabza zaar mei(n) allha(d) hawaon ki taqreer
Na aasman pe baadal ki surmayin tasweer
Na qehqahon ke samandar, na wajd ke dariya
Na bol pyar ke, na husn ki gudaz ada
Zawal-e-mausam-e-gul sa hai ab tassawur-e-jaa(n)
Khayal-e-bhar-e-hawadas sa hai nizam-e-jaha(n)
Ke jis mei(n) kab se akela bhatak raha hoon mei(n)
Ajeeb daur se ho kar guzar raha hoon mei(n)

A Wish

Late that night
Someone came to my door
I could not see him
He said something in a hushed voice
What he said, I cannot recall
What I remember is
That he probably came to give me something
For he held something in his hands
That I could not see

Maybe sometimes it so happens
That we do not hear
What we do not want to hear
We do not see
What we do not want to see
But the thought
Of knowing him
Of taking something from him
Came to my mind long ago

Hasrat

Uss der raat
Mere darwaze par koi aaya
Mei(n) usey dekh nahi(n) saka
Who dabi awaz mei(n) kuchch bola
Kya bola, mujhe yaad nahi(n)
Yaad hai toh bas itna
Ke woh shayad mujhe kuchch so(n)pne aaya tha
Kyu(n)ki uske haatho(n) mei(n) kuchch tha
Joh mei(n) dekh nahi(n) saka

Aisa bhi hota hai shayad
Ke hum joh sun-na nahi(n) chahte
Sun nahi(n) sakte
Joh dekhna nahi(n) chahte
Nahi(n) dekhte
Lekin mere zehn mei(n)
Usey jan-ne ka
Uss se kuchch paa lene ka
Ahsaas kahi(n) jaga tha
Iss liye mera daman uske samne

That was why my plaintiff robe spread on its own
In front of him
But before I could take
Something from him
He went away in silence
And I came back
To my bed
Silent, restless.

Khudbakhud phail gaya tha
Lekin iss se pahle ke mei(n) us-se
Kuchch le sakoo(n)
Woh chala gaya tha chupchaap
Aur mei(n) laut aaya tha
Apne bistar par
Khamosh, bad-hawas

Sleeplessness

Creaking dreams on a braided cot
Wrapped in the sheet of reality
Have been conversing with the darkness
All night!

Exhausted voices are dying down
Paths are turning away from footsteps
Highways are silent
Bazaars melancholic
Crossings, streets are all senseless
The pungent smell of muck
Reeking in the city
Is entering the pores of the body
And the fragrance of Jasmine flowers
Floating over the humming of mosquitoes
Is dissolving into the ducts of the mind
It seems tonight too sleep shall not come
The night lamenting its helplessness
Will just pass away

Bekhwabi

Baan ki khaat par charmaratey khwaab
Apni tabeero(n) ki chadar odhey
Karte rahe guftgu andhero(n) se
Tamam raat

Thaki awazei(n) dam tod rahi hai(n)
Rahei(n) bhi qadmo(n) se mu(n)h mod rahi hai(n)
Bazaar udaas
Chaurahey galiya(n) sab bad-hawas
Shehr mei(n) pheli ghilazat ki bu
Masamo(n) mei(n) peywast ho rahi hai
Harsi(n)gaar ki khushboo
Machcharo(n) ki bhinbhinahat par terti
Zehan ke roshandano(n) mei(n)
Tahleel ho rahi hai

Lagta hai aaj bhi neend nahi(n) aayegi
Apni lachari ka sog manati raat
Yu(n)hi guzar jayegi

Leaving behind

On creaking dreams

A few festering sores for the feeble conscience of this city

Which will ooze again tomorrow night

With the appearance

Of the Milky Way in the sky!

Aur charmarate khwabo(n) par
Chhod jayegi
Shehr ke laghar zameer ke liye chand nasoor
Jo kal raat phir ubharne aayei(n) ge
Aasman par kahkasha(n) ke tuloo'
Ke saath

Closed Windows

Tears have written a poem
Breaths have woven a song
Windows of memories are shut
A suffocation fills the nights
A few forgotten images
Appear again in the loneliness
There is an uproar in the silences
Of this house of empty rooms
Growing like weeds, this emptiness
Holds the hems of light captive
Quivering shadows on the walls
Write our future
Sunshine is stuck on the bars
Of the closed windows of this deserted house
Hope of flight lies askew
In the wilderness of memories
We have lost all affection
Within the four walls of passing years
With a few pebble-like memories
A few broken shards of promises
In our hands, we come
To the yard of this deserted house.

Band Dariche

Ik nazm likhi hai ashko(n) ne
Ik geet buna hai sa(n)so(n) ne
Yado(n) ke dareechey band huey
Ek ghutan bhari hai raato(n) mei(n)
Kuchch bhooli bisri tasveerei(n)
Phir ubhri hai(n) tanhaai mei(n)
Iss khali kamro(n) ke ghar mei(n)
Shorish si hai san'nato(n) mei(n)
Sabzey se uga yeh khalipan
Jakdey hai ujalo(n) ka daman
Larza(n) saaye deewaro(n) par
Likhte hai(n) hamara mustaqbil
Atki hai dhoop salakho(n) mei(n)
Iss sooney ghar ke band dareecho(n) par
Yado(n) ke iss veerane mei(n)
Parwaz ki ummeedei(n) barham
Hum umr ki chardiwari mei(n)
Kho baithey hai(n) sab apnapan
Kuchch ka(n)kar pat'thar yado(n) ke
Kuchch tukDey tootey wado(N) ke
Haatho(N) mei(N) liye hum aaye hai(N)
Iss soone ghar ke aa(N)gan mei(N)

An Elegy of a Sinking Boat

An endless expanse of space
Quickened winds
Perhaps a dust storm brewing
Maybe lightning has struck somewhere
A bomb has exploded
In a car that passed close by me
Smoke engulfs all around
As if the burning shards of the sky
Have fallen all around me

An unknown child
Sits beside an anonymous corpse
A nameless fear seems to have seeped
Into his widened eyes
Which have no tears
Only a dark emptiness

Clouds are thundering
Maybe it will rain

Doobti Kashti Ka Noha

Bekara(n) hai(n) fizaei(n)
Tez ho gayi hai(n) hawaei(n)
Shayad koi aandhi chadhi hai
Shayad kahin bijli giri hai
Mere qareeb se guzri hui ek car mei(n)
Dhamaka hua hai
Har taraf dhua(n) umda pada hai
Jaise jalte huey aasman ke tukdey
Mere charo(n) taraf bikhar gaye hai(n)

Ek gumnaam bachcha
Ek gumnaam lash ke paas baitha hai
Ek gumnaam khauf pai-wast hai
Uski phati hui aa(n)kho(n)
Jin mei(n) aa(n)soo nahi(n) hai(n)
Ek tareek khala'a hai

Badal garaj rahe hai(n)
Shayad baarish aa jaye

And the smell of explosives
Will dissipate in it

The crowd's commotion is increasing
The police van has arrived
The blood spilled on the road has begun to coagulate
Perhaps, to leave its mark
On this blackened road,
Is a testimony of this blood's innocence
Which will get swept in the rain
And thus will be erased
The last memorial
Of its innocence!

The whole atmosphere is gloomy
Only a cinema's poster
Seems to smile
The child lies huddled
In the shadow of this poster

Aur barood ki badboo
Usme tahleel ho jaye

Logo(n) ka shor badh raha hai
Police ki gaadi aa gayi hai
Sadak par baha hua khoon jamne laga hai
Shayad iss siyahfaam sadak par
Apna nishan chhod jana hi
Iss masoom khoon ki pehchan hai
Joh baarish ke paani mei(n) bah jayegi
Aur phir mit jayega
Uski begunahi ka
Aakhri nishaa(n)

Sara mahaul afsurda hai
Bas ek cinema ka poster
Muskura raha hai
Woh bachcha iss poster ke saaye mei(n)

The turmoil of the waves has increased
In the gurgling river
The sails of the boats are tattered
The masts have broken
The boats are sinking
Slowly silence is creeping in
And the helpless innocence of that child
Mourns
The sinking of these boats.

Simat gaya hai

Behte huey dariya mei(n)

Lehro(n) ka inteshaar badh gaya hai

Phat gaye hain kishtiyo(n) ke baadbaa(n)

Toot gaye hai(n) mastoo'l

Doob rahi hai(n) kishtiya(n)

Dheere dheere khamoshi chhati ja rahi hai

Aur iss bachchey ki majboor masoomiyat

In doobi hui kishtiyo(n) ka

Matam kar rahi hai

The Monologue of a Terrorist

I won't be able to sleep tonight
Moment by moment this night will slip into the fateful
morn
After which there will be no morn for me

Today I feel
That when life folds up the chessboard of breaths
There remains a void
In which I too shall be lost
Before the sun rises in the morning
My numb body
Swinging in the gallows
Will be buried in an unknown corner
Where no one will light a lamp
And no epitaph will be read

Tonight there is extreme suffocation here
The sluggish whirl of the ceiling fan
Sends wafts of hot air
My body is soaked in sweat
My eyes are pale

Ek Dehshatgard Ki Sarguzisht

Aaj mujhe neend nahin aayegi
Lamha lamha yeh raat us subah tak sarak jayegi
Jiske baad meri aur koi subah nahi(n) hogi

Aaj mujhe mahsoos ho raha hai
Ke jab zindagi sa(n)so(n) ki bisaat samet'ti hai
Toh rah jaati hai ek khala'a
Jis khala'a mei(n) mai(n) bhi gum ho jaoo(n)ga
Kal subah ka suraj ugne se pehle
Mera pha(n)si ke phandey par jhoolta
Behis badan
Kahi(n) kisi gumnaam goshay mei(n) dafn kar diya
jayega
Jaha(n) na koi chiragh jalaya jayega
Na fateha padhi jayegi

Aajki rat be-inteha ghutan hai yaha(n)
Chchat ka pa(n)kha rengta hua
Garm hawa phela raha hai
Jism paseeney se tar hai
Aa(n)khey zard hai(n)

Breaths are cold
Boundless depression
Helplessness, haplessness
Embrace me
In their trembling hug
From the faint, pale, light of the bulb
I can feel a rising fear
Entering my veins

Why could I not feel
This fear
This helplessness, haplessness
Futility and weakness
In the face of that child
In his whole being
When I emptied the hot, foul explosives
From my rifle
On the chests of each member of his family
And left that innocent child alive
On the heap of dead bodies
To search his own future

Sa(n)sei(n) sard hai(n)
Bekara(n) afsurdgi
Lachargi, bechargi
Mujhe lapetey huey hai
Apni larza(n) aaghosh mei(n)
Bulb ki pheeki, peeli roshni se
Ugta hua khauf, mahsoos kar raha hoo(n) mai(n)
Apni rago(n) mei(n) pai-wast hotey huey

Aakhir iss khauf ko
Iss lachargi, bechargi,
Majboori aur kamzori ko
Mai(n) kyu(n) mahsoos nahi(n) kar paya tha
Uss bachchey ke chehrey par
Uske tamam wajood par, uss raat
Jab mai(n)e apni rifle ka
Garm, badboodar barood
Uske kunbe ke har fard ke seene mei(n)
Utar diya tha
Aur chhod gaya tha uss masoom jaan ko
Laasho(n) ke ambaar par

With empty stunned eyes
The same fear, the same restlessness
I had felt
In the shrieks that emanated from the quivering
Lips of that pregnant young woman
Whom I ruthlessly struck on the belly
After making her husband a victim of my hatred
Which, reverberating against the mighty mountains,
Left a thick layer of numbing pain
On the waters of the river.
Tonight
I feel
The heat of his blood gushing out

This night is most restless and disarrayed
Each moment in it
Crawls
Like a centipede over my conscience
And asks for an account
Of that evening
When I bartered the catholicity of my faith

Apni munjamid nigaaho(n) ki khala'on mei(n)
Apna mustaqbil talash karte huey

Wahi khauf, wahi inteshaar
Mujhe nazar aaya tha
Uss naujawan haamila ke
Ho(n)to(n) se nikli hui cheekh mei(n)
Joh oo(n)chey pahado(n) se takraati hui
Dariya ke paani par chhod gayi thi
Barfeeley dard ki ek moti parat
Jiske pait par badi berahmi se
Mai(n)e thokar maar di thi
Uske shauhar ko apni nafrato(n) ka shikar banane ke
baad
Jiske khoon ke garm chhee(n)to(n) ki hararat
Mai(n) mahsoos kar raha hoo(n)
Aaj ki raat

Badi inteshaar alood hai yeh raat
Jiska ek ek lamha
Mere zameer par ek kankhajoore ki tarah

For a mere creed
Dressed in violence, hatred and bigotry
And held grenades, AK 47s and rocket launchers
In those hands
Which once held the scent
Of saffron in swaying farms

That evening!
I had mortgaged
All my dreams
My passions, perceptions,
Everything, altogether
Like a heartless mercenary

O Valleys!
O Mountains!
O Clouds!
O Winds!
Forgive me
For having lost
Your blessings

Re(n)gta hua
Maa(n)gta hai hisaab
Uss sham ka
Jab maine apne kushada emaan ka sauda
Tashadud, nafrat aur ta(n)g nazari mei(n)
Bhigoye gaye chand aqayed se kar liya tha
Aur un haatho(n) mein
Jin mei(n) mahak bhari thi
Zafran ke lahlahate kheto(n) ki
Mai(n)e tham liye thay grenade
Ak-47 rifle aur rocket launcher

Uss sham
Rehan pad gaye thay
Mere tamam khwab
Mere jazbat, tasav'vurat
Sab kuchch ek saath
Kisi saffak aaseb ke haath

Ae wadiyo
Ae kohsaaro

Your benedictions
Why did I trade the dancing beauty of nature
Its happy splendour
Its magical winds
With a fiery madness!

I cannot say
Whether I am right or wrong
But there was something acrid
That dripped in my chest
During all those days and nights
In all those seasons and years
That perhaps kept corroding my conscience
All the time

What should I do with that nagging
Which, I know not why,
Is erupting
All of a sudden today
In my bosom

Ae badlo

Ae hawao

Bakhsh do mujhe

Ke mai(n)e tumhari inayato(n) ko

Tumhari rahmato(n) ko

Kho jane diya

Kyu(n) mai(n)e tumhari ataa ki hui

Raqsa(n) fizao(n)

Khushnuma adao(n)

Mas-hoor kun hawao(n) ka sauda kar liya

Ek aaishi junoon se

Mere sahih hone ya na-hone ka jawab

Nahi(n) hai mere paas

Lekin kuchch toh tha

Joh mere seene mei(n)

Tezab sa ristaa ja raha tha

Un tamam dino(n), tamam raato(n)

Tamam mausamo(n) aur salo(n) tak

Joh shayad mere zameer ko galata

Pray for me
That tomorrow
When my soul
Bids farewell to my carnal existence
I may regain the same pure innocence
The same golden feeling, the same sweetness
Which I had allowed to get lost
That evening
When I had traded
The fragrance of life for
The stench of explosives!

Chala gaya tha
Kya karoo(n) mai(n) uss khalish ka
Joh na jane kyu(n) achanak
Aaj phir mere seene mei(n)
Ubhar rahi hai
Mujhe dua do
Ke kal subah
Jab meri rooh
Mere jismani wajood ko khairbaad kahe
Toh phir wahi shaf'faf masoomiyat
Wahi zar-ree(n) ehsaas wahi mithaas
Usme phir se bhar jayei(n)
Jinhei(n) mai(n)e lut jane diya tha
Uss sham jab mai(n)e
Zindagi ki khushbu'o(n) ka sauda
Barood ki boo se kar liya tha

An Acrid Day

O acrid day
What will you leave behind?
The whistling of scattered polluted winds?
Sad sighs of creeping time?
Suffocation?
Oppression?
Indifference?
Restlessness?
Or piles of those incidents
Which were consigned by someone
To a rusted trash-bin
Along with my old letters!

Ek Din Tezab Jaisa

Ae tezab se din

Kya dekar jaogey?

Inteshar alood hawao(n) ki saayei(n) saayei(n)?

Re(n)gtey huey waqt ki mazloom si aahei(n)?

Umas?

Ghutan?

Bezaari?

Beqarari?

Ya un waqeaat ka ambaar

Jise kisi ne mere purane khutoot ke saath

Daal diya hai ek zang alood

Raddi ki tokri mei(n)

Existentialism

My Existence

Who am I? Don't ask this
Why am I? Don't ask
How I survived in the besieging trenches of life
Don't ask me this too
I am a wounded soldier of a vanquished army
Thirst-lipped, naked bodied, absolutely alone
I walk in fear
On a strange path
In search of some door, window
In whose shadow I could sit to breathe
To segregate from the heap of my memories
A few leaves
And then again in the wild wilderness
Clinging to the tattered hem of the wild wind
Forget that I once fought a war
On fronts
On which today
Lies scattered
The helplessness of my life!

Mera Wajood

Kaun hoo(n) mei(n)? Yeh na poochho
Kis liye hoo(n)? Mat yeh poochho
Iss hisar-e-zindagi ki khandaqo(n) mei(n)
Kis tarah zinda raha? Yeh bhi na poochho
Ek haari fauj ka zakhmi sipaahi
Tishna lab, uriyaa(n) badan, yak dam chala
Darte darte chal raha hoo(n)
Ajnabi se rahguzar par
Dhoondta hoo(n) koi darwazah, dareecha,
Jiski zad mei(n) baithkar kuchch saa(n)s le loo(n)
Apni yaado(n) ke lage ambaar ke kuchch pattey
tatoloo(n)
Aur phir ek dasht-e-veeraa(n) mei(n)
Kisi bahki hawa ke chak daman se lipat kar
Bhool jaoo(n) ke kabhi
Ek ja(n)g maine bhi ladi thi
Un mahazo(n) par ke jin par
Aaj meri zindagi ki bebasi
Bikhri hui hai

Death

Neither a rustling, nor a soft fall of the feet, nor any call
Only an elongated stretch of exhausted silence
Neither a knock in the mind, nor any thought in the
heart
As though the months and years have shrunk into a
dark cave
And fleeting time has come to a standstill like a heavy
stone
Neither mention of morning or evening, nor signs of
day or night
Neither darkness, nor radiance, nor signs of incidents
Neither a collection of emotions, nor a carnival of
desires
Nor any congregation in the pavilion of longing—
A tempest has scattered the essence of time.
In which direction has the princess of life gone?
Nothingness, only nothingness is all around, nothing
else.
Where is the endlessly spectacular web of relationships?
Neither echoes of wishes nor thoughts of someone

Maut

Na sarsarahatei(n), aahat koi, na hai awaaz
Thaki thaki si khamoshi ki ek nashist-e daraz
Na zehn par koi dastak, na dil mei(n) koi khayal
Simat gaye kisi tareek ghaar mei(n) mah-o-saal
Rawa(n) tha waqt joh yak dam hua hai sa(n)g-e-gara(n)
Na zulmatei(n), na ujale, na saneho(n)ke naqoosh
Na walwalo(n) ke pulandey, na aarzoo ke juloos
Na khwahishaat ki barahdari mei(n) koi hujoom
Bikhar gaye hai(n) bagalo(n) se waqt ke mafhoom
Chali hai kaun dagar zindagi ki shehzaadi
Khala'a, khala'a hai khala'a bas, nahi(n) kahi(n) kuchch
bhi
Kaha(n) hai rishto(n) ka phaila hua woh mayajaal
Na baazgashat tamanna ki, na kisi ke khayal
Ke jaise barf ki choti pe abr ka saya
Ya so rahi hai kisi jheel pe udaas hawa
Zamee(n) pe jaise kahi(n) dhund pao'(n) phailaye
Ke jaise aag se shaula kahi(n) bhatak jaye
Ke din nikal ke achanak kahi(n) kahi(n) sarak jaye

As though the shadow of a cloud stretches on the snowy peaks
Or melancholy winds slumber on a lake
As though the fog stretches its feet over the ground
Or a glass vessel suddenly cracks
Or a flame goes astray from the fire
Or suddenly the day sneaks away quietly.
The doors are all ajar but no one is around
Whoever was there has gone beyond
A frozen silence prevails, sans even the chirping of crickets
The morning smashes its head against the branches of silent trees—
To whom will the wind convey this grievance-like message
That moments ago the swan of my soul pranced about
But has now flown away to an anonymous world!

Khule huey hai(n) sabhi dar, magar koi bhi nahi(n)
Kahi(n) toh tha koi jiski khabar kisi ko nahi(n)
Ye saaie(n), saaie(n) ka aalam, na jhee(n)garo(n) ki sada
Khamosh ped ki shakho(n) pe sar patakti saba
Kise sunaye hawa, yeh maheb sa sandes
Abhi toh tha mera hansa, abhi gaya kis des

Mystery of Existence

In pursuit of Rene Descartes' statement "Cogito ergo sum" ("I think, therefore, I am")

I thought that I am, so I am
Otherwise this life had no relevance
I could feel, hence new passions grew
Grand castles of desires and wishes were built
I conceived of a world, so it was
There were the moon and the stars, and the expanse of the cosmos,
Even silence and flights of imagination
These beliefs, these traditions, religions and creeds
At whose altar humans have been sacrificed
The spring of fragrant flowers in the meadows
Dissolving days and nights in the skies—
But for my thoughts there would be no earth, no moon
Neither the sun, nor sea, nor the ferocity of the surging waves
Nor the drunken breeze caressing the mountains
Nor a river wrestling against the soft banks
Neither silence, nor vacuum, nor a medley of lights
Neither the glittering sights, nor dusty routes—
Everything exists for I know how to discern
Strange is the magical theatre of the mind

Tilasm-E-Hayat

Cogito ergo sum ke bayan "rene descartes" mei(n)
sochta hoo(n) isi liye mera wajood

Maine socha tha ke mei(n) hoo(n), toh mei(n) tha
Warna iss zees't ke hone ka koi juz hi na tha
Maine mahsoos kiya toh naye jazbaat jagey
Aarzoo'o(n) ke, tamanna ke hasee(n) mahal saje
Maine mahsoos kiya dah'r hai toh dah'r bhi thi
Chand tare thay, wasea arsh ki imlaak bhi thi
Khamushi bhi thi takhay'yul ki yeh parwaaz bhi thi

Yeh aqeedey, yeh riwayat, mazahib, ima(n)
Aitqado(n) ki saleebo(n) pe chadhey yeh insaa(n)
Sabza zaro(n) mei(n) mehkte huey phoolo(n) ki bahar
Aasmano(n) mei(n) kahi(n) ghulte huey lail-o-nahaar
Sochta gar na mei(n), hoti na zamee(n), na mehtaab
Na yeh suraj, na samandar, na talatum ke ataab
Na kisi koh ko sehlaati koi mast hawa
Na kahi(n) narm kinaro(n) se uljhta darya
Na khamoshi, na khala'a aur na ujalo(n) ka shumaar
Na chakachaundh nazaro(n) ki, na raho(n) ka ghubaar
Mere ehsaas se zinda hai wajood in sab ka
Zehn ke ra(n)g mahal ka hai nirala jalsa

The intensity of fervent love, the blushes of my sweet
beloved
The Taj Mahals of union, the battle in the moments of
separation
The thought of thick locks perfumed by fragrant
Jasmine
The magic of my beloved's beaming countenance
The impatience of the roses falling from her pink lips
That overflowing intoxicating wine from her eyes
The book of the heart's intentions unveiled on warm
breaths
The innocence of wayward youth engaged in lusty
pranks
As though lightning has dazzled an already sizzling
body
Or acid has flown through the sinews of the body
As though the heaving pulsation in the bosom
Gives a new lease of life to tingling desires
Whenever the mind creates new sensations
It imparts a new realization to life
What is it that gives the mind a fluency
Such a legacy of thoughts, logic and resolute
intentions?

Jazb-e-ishq ki shid'dat, husn-e-mahboob ke ra(n)g
Wasl ke taj mahal, hijr ke lamhaat ki ja(n)g
Raat rani se muat'tir ghane gesu ka khayal
Rukh-e-mahboob pe ubhri hui kirno(n) ka kamal
Surkh honto(n) ke machalte huey barham se gulaab
Woh nigaho(n) se chhalakti hui pur-kaif sharab
Garm sa(n)so(n) pe khuli dil ke irado(n) ki kitaab
Shaukh a(n)gdaai mei(n) uljha hua alhad sa shabab
Gungune jism pe ek barq namu ho jana
Ek tezab sa aaza'a pe rawa(n) ho jana
Dhadkano(n) ka koi sailab ghiray seene mei(n)
Aarzoo'o(n) ko naya lutf mile jeene mei(n)

Jab bhi ehsaas ki taameer zehn karta hai
Zindagi ko nayi tabeer ataa karta hai
Kya hai joh zehn ko deta hai rawani aisi
Soch, mantaq ki irado(n) ki nishani aisi
Hai woh kya jo mujhe jeene ki sada deta hai
Mere hone ka jo ehsaas ataa karta hai
Man kahoo(n) usko, kahoo(n) fikr, karishma kah doo(n)

What is it that beckons me to live
And gives me a sense of being?
Should I call it my heart, my inner being, a miracle
Or should I call it an abstraction that hides inside
Or refer to it as the soul that animates the body?
What is it that makes life flow
And the heart beat in the body?
It gives birth to happiness and sorrow, every day, every
year
It causes Creation to begin and decay.
I am not aware of the truth at all
I know not at all who I am
Am I a part of the soul or the opus of Enlightenment?
Am I a reality of Creation, or its greatest mystery?
There is something in me that animates me
Gives meaning to my words, a smile to my
countenance
Am I the mind, the self, passion or mere feeling
Or mere breath inhaled and exhaled by the body?
The deep layers of thought reveal the secret of
existence—
I thought that I am, therefore, I exist.

186

Ya ke baatin mei(n)chhupa ghaib ka kirdaar kahoo(n)
Rooh kah doo(n) ise joh jism ko jaa(n) deti hai
Zindagi kiski badaulat yu(n) rawa(n) hoti hai?
Khana-e-jism mei(n) dhadkan si jawa(n) hoti hai
Yehi such dukh ko janam deti hai har din, har saal
Hai yehi az'l ka mauzoo, yehi tashkeel-o-zawaal
Sach hai kya yeh mujhe maloom nahin zarra bhar
Rooh ka hissa hoo(n)ya noor-e-khuda ki tanzeem
Ek haqeeqat hoo(n) mei(n) takhleeq ki, ya raze-e-azeem
Kuchch toh hai mujh mei(n) joh deta hai rawani jaa(n) ko
Meri awaz ko maa'ni, aur tabassum jaa(n) ko

Zehn hoo(n), man hoo(n), mei(n) jazbaat hoo(n) ya bas ehsaas
Ya ke aati hui, jaati hui, iss jism mei(n) saa(n)s
Fikr ki tah mei(n) ayaa(n) hota hai hasti ka wajood
Maine socha ke mei(n) hoo(n), iss liye mera wajood

The Suspended Moon

The Moon is suspended in the sky
Like memories in silence
Breaths in memories
Past affairs in breaths

Where do these winds scamper
From here to there
Like orphaned children?
What will happen even if they touch the Moon?
Neither will the sky leave the Moon
Nor will it go from the sky's patio
The Moon is destined
To remain suspended in the sky;
Perhaps the sky is helpless too—
Just as we are
Each other's need
Living in the same house
Under the same roof
Sharing the same bed
Counting each other's breaths—

Atka Hua Chaand

Aasma(n) mei(n) atak gaya hai chand
Jaise san-nato(n) mei(n) yadei(n)
Jaise yaado(n) mei(n) saa(n)sei(n)
Jaise saa(n)so(n) mei(n) kal ki baatei(n)

Yaha(n) se waha(n) tak
Kaha(n) bhagi jaati hai(n) hawaei(n)
Lawaris bachcho(n) ki tarah
Choo bhi liya chand ko toh kya hoga?
Na aasman chhodeyga chand ka daaman
Kyu(n)ki chand ka aasma(n) mein atak jana
Chand ki majboori hai
Lachari hai shayad aasma(n) ki bhi yehi
Jaise hum rah gaye hai(n) ban kar
Ek doosre ki majboori
Ek hi ghar mei(n)
Ek hi chhat ke neechey rahte huey
Ek hi bistar par sote huey
Ek doosre ki saa(n)sei(n) ginte huey

No moment have we lived together
No dream have we shared together

The bed sheets do not have
The mingled odour of our bodies
Nor the faint tanginess of our breaths
We keep staring every day and every moment
At the vacuum in each other's eyes

This evening will also wither away
Like all earlier ones
Silent
Crying
Frozen
Depressed!
And we shall remain suspended
Being each other's compulsion
Tongue-tied like this
While seeing through the half-open window
The suspended Moon in the sky!

Koi bhi lamha saath nahi(n) jee paaye hum
Saath saath nahin dekha koi khwab

Bistar ki chadro(n) mei(n) nahi(n) hai
Hamare jismo(n) ki mili juli khushboo
Na ek doosrey ki saa(n)so(n) ka sondha-pun
Dekhte rahe hai(n) har din, har pal
Bas ek doosre ki aankho(n) ka soonapan

Aaj ki sham bhi yunhi guzar jayegi
Un sab guzri hui shamo(n) ki tarah
Khamosh
Sisakti hui
Mun-jamid
Udas
Aur hum bhi atke rahei(n)gey
Ek doosre ki majboori baney
Isi tarah chupchap
Dekhte huey apni adhkhuli khidki se
Aasma(n) par atka hua chand

A Distraught Day, a Restless Night

A distraught day
A restless night
A silent moment
Smouldering!
The passing caravan of yesterday's memories
Sobbing at the milestones
The wind hitting its head against the walls of the
house
The silent sunlight creeping up to the yard
The hushed silence of emptiness sprawled in closed
rooms
A lonely bird fluttering
On the branch of a tree.

On the branches of the Neem
A stray wind limped
No movement anywhere at the windows
Not even the sound of silence on the floor
It seemed as if the vagabond wind
Was changing abode
Passing through the channels of breath

Ek Barham sa Din, Ek Preshan Shab

Ek barham sa din
Ek paresha(n) si shab
Ek khamosh lamha
Sulagta hua
Kal ki yado(n) ka ik muntazir karwa(n)
Meel ke pat'tharo(n) pe sisakta hua
Sar patakti hawa ghar ki deewar par
Re(n) gti dhoop, chup chaap, aa(n)gan talak
Band kamro(n) mei(n) pheli kha'lao(n) ki chup
Ek parinda akela kisi sha'akh par
Phadphadata raha

Neem ke ped ki shaakh par dhoop mei(n)
Ek bhatki hawa ladkhadhati rahi
Khidkiyo(n) par kahi(n) koi jumbish nahi(n)
Farsh par khamushi ki sada bhi nahi(n)
Aisa lagne laga ke musafir hawa
Saans ki rahguzaron se hoti hui
Ghar badalne lagi

Amidst the greying city of the evening
The footsteps of sunlight faltered
Shadows on the walls quivered
Night approached, swaying the curtains of thoughts,
Melancholy and dishevelled!

A distraught day
A restless night
Moments descended, and were lost
In the cave of Time
Where many astray caravans from centuries
Have been sunk
Have been sunk!

Sham ke surma'i shehr ke darmiya(n)
Ab qadam dhoop ke dagmaganey lagey
Saye deewar par thar-tharane lagey
Bas khayalo(n) ke parde hilati hui
Aa gayi shab, fasurda, pashema(n) si
Ek barham sa din
Ek pareshan shab
Lamha lamha utartey gaye, gum huey
Waqt ke gh'ar mei(n)
Jin mein sadiyo(n) ke bhataktey kai karwa(n)
Gharq hote gaye
Gharq hote gaye

I am Exhausted

Exhausted is my mind, fatigued, my body; tired the
city and its environs
Listless is the bright day, weary the dark night
With my head buried in my knees
My sense dwells in the house of worn out breaths.
This atmosphere prevails everywhere, on each side
As if a pernicious malady prevails in the city
Today's news was reported yesterday too
The prolonged reports of incidents were no solution
I unfold the new newspaper with questions
And apprehensions that assemble at my threshold
The headlines capture the pathos of ponderous Time
Each page seems to search for something worthwhile
In the advertisements, pictures, captions
A mist seems to be floating in the wilderness
There are no additions to the travelogues of yesterday
The same talks of balkanisation, the same questions of
boundaries
The same issues of war, the same bane of horror

Thak Gaya Hoon Mein

Thak gaya zehn, thaka jism, thakey gird va nawah
Thak gaya roz-e-munaw'war, hai thaki raat siyaah
Apne zaanu mei(n) dabaye huey sar beth gaya
Mera ahsaas, thaki saa(n)s ke ghar beth gaya
Yehi mahol raha karta hai har soo, har jaa
Shehr mei(n) phel gayi hai koi muhlik si vabaa
Aaj akhbar mei(n) jo baat hai woh kal bhi toh thi
Hadso(n) ki gara(n) tafseel koi hal toh na thi
Kholta hoo(n) naya akhbar sawalat ke saath
Ghar ki chaukhat pe jama kuchch naye khadshaat ke
saath
Surkhiyon mei(n) nazar aata hai (n)iha(n) waqt ka soz
Har safha dhoondhta lagta hai khayale afroz
Ishteharon mei(n) tasaveer mei(n) unwano(n) mei(n)
Tairti lagti hai ek dhund si veeranon mei(n)
Kuchch izaafa nahin hai kal ke safarname mei(n)
Hai(n) masa'il wahi darpesh sanamkhanon mei(n)
Wahi taqseem ki baatei(n) wahi sarhad ke sawal
Hai(n) wahi jang ki baatei(n) wahi dehshat ke wabal

Even the believers have remained busy in murder, genocide
Those who were to build cities, have remained busy in burning houses
These clever characters of decadent politics
Who regard themselves as messiahs but are themselves diseased
Cold corpses cannot make captions
Or be the identity of any faith
Where to and where should I go, I am baffled
I am sick of seeing these dead consciences
How should I gather my decrepit thoughts
How should I evict myself from this cumbrous era
I smell frozen blood in the newspapers
Everywhere I see nothing but only darkness
Let the newspaper lie in my lap unfolded
I am exhausted; let me just pass away like this.

Qatlo gharat mei(n) mulav'vis rahe ahle eema(n)
Bastiya(n) jin ko banani thi(n) jalate hai(n) maka(n)
Ek boseeda siyasat ke yeh shatir kirdaar
Khud ko kehte hai(n) maseeha ke joh hain khud beemar
Sard laashei(n) koi unwaa(n) nahi(n) ban saktee(n)
Kisi ima(n) ki pehchan nahin ban saktee(n)

Kis taraf jaaoo(n) kaha(n) jaaoo(n) bohot haira(n) hoo(n)
Mai(n) zameero(n) ko fana dekh bohot nala(n) hoo(n)
Apne majrooh khayalo(n) ko sambhalu(n) kaise
Iss gira(n) daur se mai(n) khud ko nikalu(n) kaise
Sard khoo(n) ki mujhe akhbaar mei(n) bu aati hai
Har taraf ek siyaahi si nazar aati hai
Mere zaanu pe yeh akhbar pada rehne do
Thak gaya hoo(n) mai(n) mujhe yun hi guzar jane do

A Quest

I weave in metaphors
'Eliot' and 'Kafka',
I stitch them
On the worn out robes of my bedraggled imagination
The robes I have inherited
Only for this night

Then again I must return to the same place where
Those who live in hutments
Those who sleep on pavements
Those who travel back home
At night, on the roofs of buses
And those who are happy
In spite of being ill-fed,
Search for me!

Talash

Eliot ko
Kafka ko
Isteaaro(n) mei(n) piroye ja raha hoo(n)
Ta(n)kta chalta hoo(n) unko
Apne boseeda tasav'vur ki qaba mei(n)
Jo qaba mujhko virasat mei(n) mili hai
Bas isi shab ke liye

Phir lautna hoga wahi(n) par, jis jagah kuchch
Jhau(n)pdo(n) mei(n) rahne wale
Pedo(n) par sone wale
Bus ki chat par raat ko
Ghar jane wale
Do niwale kha ke bhi
Khush rahne wale
Log mujhko dhoondhte hai(n)

Search for Peace

Where should I look for serenity
Where will I find faith?
Where should I go
Leaving the pages of life?
There is an apprehension
In the valley of my mind
A fervour
In the world of thoughts
Questions arise like surging waves
Doubts always emerge in the mind
There is a frenzy in my veins
All the time
Life is lost in quaint thoughts,
Continuously,
Of resentments and heartaches, of injustices
Everywhere there is a conflict
Huge mountains
Of hatred at every step
That I see but have no control over
I am inconsequential in the scheme of time

Talash-e-Sukoon

Kaha(n) sukoon ko dhundhoo
Kaha(n) wafa paa'oo(n)
Mei(n) zindagi ki safo se
Kaha(n) nikal jaa'oon(n)
Ke mere zahan ki waadi mei(n)
Kuchch khalish si hai
Tasav'vurat ki duniya mei(n)
Kuchch tapish si hai
Sawal misle talatum umadte rahte hai(n)
Shakook dil mei(n) hamesha ubharte rahte hai(n)
Ke daudta hai rago(n) mei(n) koi junoo(n)
Har dam
Ajeeb soch mei(n) rahti hai zindagi
Peham
Hai ranj –o- gham ki jafao(n) ki
Har taraf yalghaar
Hai nafraton ke qadam dar qadam
Maheeb pahad
Mei(n) dekhta hoo(n) mera ikhtiyaar kuchch bhi nahi(n)
Nizam-e-waqt mei(n) mera shumaar kuchch bhi nahin

Questions about myself to myself
Questions about the spirit to the life
These enigmas of day and night
These thoughts of outcomes
I wander alone among the multitudes of this world
I keep longing for serenity in my life
Sometimes I am frightened by the slapping wind
Sometimes I hum a song alone to myself
In the confusion that somehow this time must pass
This display of life might fold up somewhere
Sometimes I think if it might have happened this way
What I had wished for that too had happened
If this anxiety had not been then what would have
happened
Sometimes that if it had happened then how it would
be
Why every day that comes is not the same
Every moment that passes not like the one yesterday
Why are my thoughts clouded
The order of things always changes

Sawal khud se khudi ke
Nafas ke jaa(n) se sawal
Yeh raat din ke mo-amme
Ye aaqibat ke khayal
Hujoom e dahar me tanha bhatakta rahta hoo(n)
Sukoon-e jaa(n) ke liye mei(n) tarasta rahta hoo(n)
Kabhi hawa ke thapedo se sahm jaata hoo(n)
Kabhi akela khada geet gun-gunaata hoo(n)
Udhed bun mei(n) laga hoo(n) ke waqt kat jaye
Yeh zindagi ki numayish kahi(n) simat jaaye
Yeh sochta hoo(n) kabhi yu(n) bhi ho gaya hota
Jo chahta tha kabhi woh bhi ho gaya hota
Kabhi yeh fikr na hota toh kya hua hota
Kabhi yeh baat ke hone se kya hua hota
Har ek din jo nikalta hai kyu(n) nahi(n) yaksaa(n)
Har ek pal jo guzarta hai kyu(n) nahi(n) kal sa
Dhua(n) dhua(n) sa khayalo(n) mei(n) kyun(n) ubharta
hai
Nizam-e dahr sada karwate badalta hai
Kabhi khayal-e majazi, kabhi tasav'vure daur

Sometimes metaphorically, sometimes in the imagination
What happens is something else
It appears not what it is
Sometimes a tale of the past, sometimes a tale of the present
Troubled in their passage
Are the months and years of life
Should I go to the fortune teller, or should I ask for a boon
Or offer a chaadar[1] at a mazaar,[2]
Raise my hands in prayer
Standing alone on the banks of a river
Or ask only that I should understand myself,
Wish that I can take care of myself every moment,
Desire the dilemma of uniting hearts,
Or like yogis on a bed of dust
Ask to be granted the final truth
Henceforth, this heart will never ask for an account of this life
Neither worry about the past, nor the secrets of the future

---

[1] Chaadar: A sheet of cloth or flowers rendered as offering in prayer

[2] Mazaar: The shrine of a saint

206

Jo ho rha hai woh kuchch aur hai

Nazar mei(n) kuchch aur

Kabhi fasana-e-mazi, kabhi sawanah-e haal

Guzar rahe hai paresha(n) se

Zeest ke mah-o-saal

Ramal se faal nikalu ya mannate maa(n)gu(n)

Kisi mazar pe chadar chadah

Dua maa(n)gu(n)

Kisi nadi ke kinare khada hua tanha

Mei(n) khud se khud ko samajhne ki bas dua
maa(n)gu(n)

Mei(n) lamha lamha sambhalne ki aarzu maa(n)gu(n)

Kisi ko dil se milane ki kashmakash maa(n)gu(n)

Ya jogiyo(n) ki tarah khaak ke bichhone par

Talash-e- haq ke liye ek justajoo maa(n)gu(n)

Yeh dil na phir kabhi maa(n)gey iss umr ki tafseel

Na fikr-e-roze-guzishta, na raaz-e-mustaqbil

Khala mei(n) dur kahi(n) aarzu ki ho takmeel

Ke jaise raat ki baa(n)ho mei() khwab ki tashkeel

Ho neelgu(n) se samandar nigaah ke aagey

Khule ho shahr mei(n) har soo khushi ke darwaze

Far in the emptiness a wish may be fulfilled
Just as a dream takes shape in the arms of night
May there be an ocean like expanse in front of the eyes
As if gates of happiness have opened all across town
If someone should enter my life like a prayer again
If someone should fill my life again like the spring
If someone should meet me, and give the garments of
tranquility
If someone should meet me humming like the wind
I have come to sit at the corner of the street
And see the passing crowds on the roads
Will someone tell me when I will get salvation
Will I be able to find peace for myself?

Koi dua ki tarah zindagi mei(n) phir utrey
Koi fiza ki tarah zindagi ko phir bar de
Koi sukoo(n) ki qaba, mujh ko phir thama ke mile
Koi saba ki tarah phir se gunguna ke mile
Mei(n) aake baith gaya hoo(n) gali ke nukkad par
Mei(n) dekhta hoo(n) guzarta hujoom sadko(n) par
Mujhey bataye koi kab nijaat paao(n)ga
Sukoon apne liye kya mei(n) dhoondh paao(n)ga

Who Knows

The caravan of dusk
Disappeared long ago
Somewhere in the valleys
Of darkness
All that remains are
Creeping silences in rooms.
The pale light
Of lamp posts whispering
To pasted posters in bazaars!
A solitary bird
Has just returned
To the denuded branch of a dried tree
What will happen, tomorrow morning
Who knows!

Kaun Jaane

Shaam ka karwa(N)
Shab ki tareek
Waadiyo(N) mei(N) kahi(N)
Muddat hui, kho gaya
Bas rah gaye hai(N)
Kamro mei(N) ree(N)gte san-nate
Bazar mei(N) chaspa(N) postaro(N) se
Sargoshiya(N) karti lamp post
Ki zard roshni

Aur ek tanha parinda
Sookhey daraKHt ki ek
Barahna shhaKH par
Abhi abhi lota hai
Kya hoga, kal subah
Kaun jaane!

Two Old Men on a Park Bench

Sitting on the dew-drenched park bench
A frail old man
Stared wide eyed at the sky
In silence

The tears that flowed from his eyes
Kept disappearing
In the white hair of his beard

People sitting in the park,
Divided into small groups,
Played cards
Some sought the future of the world
In the captions of the newspaper,
And opened the caskets of their memories
In front of each other,
Some sang hymns,
And children ran around in gay abandon
Creating din all around

Park ke Bench par Do Buzurg

Oas se bheegi park ki bench par betha
Ek zaeef, laghar shakhs
Phati phati nigaho(n) se aasman ko dekh raha tha
Khamosh

Uski aa(n)kho(n) se behte huey aa(n)soo
Uski dadhi ke safed balo(n) mei(n)
Gum hote ja rahe thay

Park mei(n) baithe log
Chhote chhote giroho(n) mei(n) ba(n)tey huey
Taash khel rahe thay
Kuchch akhbar ki surkhiyo(n) mei(n)
Duniya ka mustaqbil tatol rahe thay
Aur apni apni yado(n) ki pitariya(n)
Ek dusre ke saamne khol rahe thay
Kuchch bhajan ga rahe thay
Aur daudtey bhagte bachchey
Ghul macha rahe thay

The old man had with him
Only his silence
His tears
His loneliness
And a numbing helplessness
That spread in the emptiness of his eyes

The man sitting on the park bench
Tried to wipe his tears
On his tattered sleeve
But the tears kept swelling
Like a rainy stream

The wind titillated the trees
Dew seemed to play on the grass
Nomad clouds in the sky
Kept coming and going
A bird flew from one tree
And perched on another
Swarms of butterflies danced around the flowers

Us buzurg ke paas thi, bas
Uski khamoshi
Uske aa(n)soo
Uska akelapan
Aur uski aa(n)kho(n) ki khala'o(n) mei(n)
Pheli uski munjamid be-basi

Park ki bench par baitha insaan
Apni phati aasteen se aa(n)soo
Po(n)chhne ki koshish kar raha tha
Lekin uske aa(n)soo thay
Ke kisi barsaati nadi ki tarah
Uphante hi ja rahe thay

Darakhto(n) ko hawa gudguda rahi thi
Ghaas par shabnam machalti ja rahi thi
Aasman par baadlo(n) ke musafir
Aa ja rahe thay
Ek parinda ek darakht chhod kar
Dusrey par baith gaya tha

I too sat on another bench
Quietly observing
That old man
I felt his tears drenching me inside
I left my bench
And sat on the bench of the old man
He said nothing at all
Tears streamed incessantly
From his eyes
I felt that I too became a part
Of his helplessness
His loneliness

And a few moments later...
In the callousness of the silent park
On the dew-drenched bench
Two old men sat weeping!

Titliyo(n) ke jhund phoolo(n) par raqsa(n) thay
Mai(n) bhi akela ek doosri bench par baitha
Uss buzurg ko
Chup chaap dekhe ja raha tha
Mujhe lag raha tha ke uske aa(n)soo
Mujhe andar tak bhigote chale ja rahe hai(n)
Mai(n) apni bench chhod kar
Uss buzurg ki bench par baith gaya tha
Kuchch bhi nahi(n) kaha usne
Uski aa(n)kho(n) se aa(n)soo
Behte ja rahe thay, lagataar
Mujhe mahsoos hua ke mai(n) bhi
Uski majboori
Uski tanhaai
Uski bechargi ka hissa ban gaya hoo(n)
Aur chand lamhe baad

Khamosh behis park mei(n)
Oas se bheegi uss bench par
Dou buzurg baithay ro rahe thay

217

O Gods, I Ask You

O gods I ask you
Have you ever sailed your boats
In the seas of efforts
Have you ever opened new fronts
In the cantonment of thoughts
Is there anyone in your world
Who dreams
Who writes poetry
Who sings songs
Which, from the pages of the valley of heaven,
Burst into a stream of love
On whose banks Heers and Ranjhas
Could build cities of peaceful love
Is there anyone like Gautam among you
Who, in the midst of darkness,
Could establish new destinations of light
Who, like Christ, carrying the cross,
Could take the woes of the world on his head
Is there any Socrates among you

Khuda Tum se Mein Poochhta Hoon

Khudao tumse mai(n) poochhta hoo(n)

Ke koshisho(n) ke samandar mei(n)

Kabhi utare jahaz tumne

Kabhi tafak'kur ki chhawni mei(n)

Naye banaye mahaz tumne

Tumhari duniya mei(n) kya koi hai

Joh khwab dekhe

Joh nazm likhe

Joh geet gaaye

Joh wadi-e-arsh ki safo(n) se

Mohabbato(n) ki nadi bahaye

Ke jiske sahil pe heer raanjhe

Sukoon-e jaa(n) ke nagar basa lei(n)

Koi hai gautum sa shakhs tum mei(n)

Joh zulmato(n) mei(n) tajal'liyo(n) ki

Nayi nayi manzilei(n) banaye

Joh misl-e eisa, saleeb thame

Jaha(n) ke gham apne sar pe lele

Who can stand up and ask questions
And, from among the layers of those questions,
Find answers to life's mysteries
And then joyously drink poison
To defend the path of his faith?

My gods! You must tell
Whether you have ever compensated
The efforts of the descendents of Adam
Who, through their devotional fervour,
Have always paid offerings of their faith
At your altar?

My gods! You must tell
Whether you have ever accorded respect to
The efforts of mankind?
Come to their dark abode
And kindled the lamps of Light?
My gods! Tell me

Hai koi tum mei(n) joh misle suqraat
Uth ke koi sawal poochhey
Aur un sawalo(n) ki silwato(n) mei(n), joh
Maslehat ke jawab dhoondhey
Phir apne eema(n) ki rahguzar par
Joh zehr bhi hanste hanste pee le

Mere khudao! Tumhi(n) batao
Ke ibn-e-adam ki koshisho(n) ka
Jinhone apni aqeedato(n) ka
Khiraaj tumko ataa kiya hai
Kabhi koi bhi sila diya hai?

Mere khudao! Tumhi(n) batao
Ke insaan ki koshisho(n) ko tumne
Kabhi niyaz-o-wafa ataa ki?
Ke uske zulmat kadey mei(n) aakar
Tajal'liyo(n) ki shama jaladi
Mere khudao! Mujhe batao

What have you given to mankind?
Except for trenches of hatred
A display of religions
That hold the reins of rapaciousness
Thick with the stench of a wicked conscience
Blood-soaked plots of land
On the highways of weeping cities
Caravans of putrefying corpses
Cries of orphaned children,
Sad, scared girls
Who had prayed
At the altar of your temples, prayer houses
For your mercy
For kindliness?
For a life
Of peace.
But gods, tell me
What is this
What have you done?

Ke tumne insaa(n) ko kya diya hai?
Siwaye nafrat ki khandaqo(n) ke
Mazhabo(n) ki numaisho(n) ke
Darindagi ki kaman thame
Ghaleez eema(n) ki badboo'o(n) ke
Lahoo se tar khitta-e zamee(n) ke
Sisakte shahro(n) ki shahraho(n) pe
Sadti laasho(n) ke karwa(n) ke
Yateem bachcho ki siskiyo(n) ke
Udaas sahmi si ladkiyon ke
Jinhone jakar duaei(n) maangi(n)
Thee(n) butkado(n) mei(n) bhi, maabdo(n) mei(n)
Tumhari rahmat ki
Ik karam ki
Sukoon ki
Ek zindagi ki
Magar khudao! Mujhe batao
Yeh kya kiya
Tumne kya kiya hai?

Hope

One Day

One more day life was granted
One more day life endured
One day questioned the night
One more day was given to conversations
One day life was defined by struggles
One day gave hope of fulfilment
One day was lived in desires
One day passed frolicking with wishes
One day were celebrations at home
One day I was left standing all alone
One day there was autumn everywhere
One day an abundance of bloom all over
One day was like a tale of yore
One day was like a heavy downpour
One day I stood in utter rags
One day was happiness galore,
One more day have breaths been borrowed
One more day let the nights be awake
One more day is this display of life

Ek Din

Ek din aur zindagi ko mila
Ek din aur zindagi ne jiya
Ek din poochta tha rato(n) ko
Ek din aur mila tha baato(n) ko
Ek din koshishon mei(n) uljhi saa(n)s
Ek din manzilo(n) ki thi kuchch aas
Ek din khwahisho(n) ke naam gaya
Ek din aarzoo ka khel chala
Ek din mere ghar mei(n) mela tha
Ek din bas khada akela tha
Ek din tha khizaa(n) ka karobar
Ek din thi bahar ki yalgaar
Ek din tha kisi kahani sa
Ek din tha baraste paani sa
Ek din taar taar daman tha
Ek din har qadam pe sawan tha
Ek din aur udhaar hain saa(n)sei(n)
Ek din aur jag lein raatei(n)
Ek din aur hai numa'ishe jaan

One more day for this turmoil
A few fragrant delusions
Precious sapphires of a few memories
Grand arches of a few beautiful moments
Bitter agonies of a few irksome efforts,
This day too will sneak away
Into the huge canopy of a fathomless vacuum
Only the expectant night will linger every moment
In the hope of a new dawn one day!

Ek din ka hai aur ye heij'an
Chand khush-fehmiyo(n) ke surkh gulaab
Chand yaado(n) ke bebaha pukhraj
Kuchch hasee(n) waqe'aat ke mehraab
Kuchch gira(n) koshisho(n) ke talkh azaab
Ye bhi din bas sarak ke chal dega
Ek khal'aa ke azeem kheme mei(n)
Muntazir shab rahegi har lamha
Ek din ke urooj ki khatir

Go on Ahead

Have you forgotten the way?
Go ahead a little
Take a turn where the road turns
Even if you don't want to take a turn
Just keep going
The way the wind blows
Making its own way
Or as the clouds float
Without asking for the route
Find the destination sometimes
Sometimes go astray
Get lost sometimes
Discover yourself somewhere
This is life's meaning;
In the four walls of the home
You will never find
The fragrance of the wild flowers of the flame of the
forest
The chirping of the sparrows
The shimmer of the glow worms

Chalte Chalo

Bhool gaye ho raaste?
Thoda aur chalo
Mud jao jaha(n) sadak mudti hai
Agar mudna na chaho
Toh bhi chalte jao
Jaise hawa chalti hai
Apna raasta banati hui
Ya jaise badal chalte jate hai(n)
Kisi se raasta poochhey bagair
Kabhi manzil pa jana
Kabhi bhatak jana
Kahi(n) kho jana
Kahi(n) khud ko pa jana
Yahi toh zindagi ki pahchaan hai
Tumhare hone ka unwaan hai
Ghar ki chardiwari mei(n)
Kaha(n) milegi
Ja(n)gli tesuvo'(n) ki mahak
Chidiyo(n) ki chahak
Jugnuo'o(n) ki roshni

The dance of the butterflies
The reflection of the sky
Dissolved in the aquamarine of a lake
You will just keep seeing
In the hazy mirrors
The battered reflection
Of your life;
Come on, go ahead
On any path
So what
If you go astray!

Titliyo(n) ka raqs
Jheel ke neelepan mei(n) ghula
Aasman ka aks
Bas dekhte rah jaoge
Dhundhle aaino(n) mei(n)
Apni zindagi ka
Mat-maila aks
Chalo nikal chalo
Kisi bhi pagdandi par
Kya hua agar
Raah bhatak bhi jao!

The Stretched Days

Quilted, half-dreamt dreams,
Where have they gone?
Dervishes of cool winds
Go to alien lands, leaving behind
Myriad worlds of the Milky Way
In a moonlit sky.
Where has the dew gone
Wrapped in the cool morning breeze
Leaving its soft bed of grass?
Flowers are blooming again
To the buzzing of bees
And butterflies sway in ecstasy—
The days are long again!

Din Bade Ho Gaye

Lihafo(n) mei(n) sanjoye, gungune khwaab
Jane kaha(n) kho gaye
Chandni ke pat'tal par
Kahkasha(n) ke chchappan lok
Chhod kar chale pardes
Nam hawao(n) ke darvesh
Ghaas ka bichchona chhod
Saba ka dupatta odh
Oas chali kiske des?
Gunchay phir mahak uthay
Bhanwaro(n) ki sargam par
Titli gayi sudh-budh bhool
Din badey ho gaye

Journey through the Dark Night

A journey through the wilderness
A dark night
Languid moments
Fearful earth
Uproar of clouds
Will the sky drown now itself
All possibilities of a journey?

But it will not happen so
Winds will arrive with the clouds
And soak my clothes
With the fragrance of wild roses
And when
The raga of the rain begins
The musty scent of the earth
Will cling to my feet
Listen to the song of the clouds, 'Jagdish'!
And keep moving ahead
With the help of slow breaths

Siyaah Raat ka Safar

Veeraniyo(n) ka safar
Siyaah raat
Oo(n)ghtey lamhaat
Dahshat zadah zameen
Baadalo(n) ka shor
Kya abhi se dubo dega aasman
Safar ke sab imkaan?

Lekin aisa nahi(n) hoga
Badalo(n) ke saath hawayei(n) aayei(n)gi
Aur junglee gulabo(n) ki khushbu
Mere daaman mei(n) bikhar jaye(n)gi
Aur jab
Shuru hoga rimjhim ka raag
Toh paa(n)v se lipat jayegi
Sondhi mitti ki baas
Sunte raho baadalo(n) ka geet, jagdish!
Aur badhte chalo
Mad'dham saa(n)so(n) ke sahare
Apne ehsaas ke kinare kinare

Along the banks of flowing sensations
And keep watching
The leaves swinging
Swaying, smiling;
Rolling down
From those trembling leaves
Along with a tiny drop of rain
May fall
A delicate dazzling ray
Of the sun
Upon your breaths!

Aur dekhte chalo
Patto(n) ko jhoomte huey
Ke inhi larza(n) patto(n) se
Dhalti hui
Baarish ki ek nanhi boond ke saath
Suraj ki ek nazuk
Rupehli kiran
Tumhari saa(n)so(n) par bhi
Tapak jayegi!

My Destiny

"You are what your deep, driving desire is.
As your desire is, so is your will.
As your will is, so is your deed.
As your deed is, so is your destiny."

—Brihadaranyaka Upanishad IV.4.5

On the shore of an ocean
I look at the sky's
Smooth vibrant shades of twilight dancing
On the ripples of never-ending waves, till
This milieu doesn't dissolve in my veins.
Then I think
Who is the ocean?
What is this twilight?
What is this wind?
What are these surging waves?
What is the wet sand?
And is my thinking thus
A miracle of my mind?
Who am I?
What is all this?

Mera Muqaddar

Tum aarzoo ka rawa(n) maujzan samandar ho
Tumhari aarzoo hoti hai az'm ki injeel
Tumhara am'l hi iss az'm ka hai sa(n)g-e tarash
Muqaddaro(n) ki joh karta hai raat din tashkeel
(barhidar nayak upnishad iv 4.5)

Ik samandar ke kinare
Dekhta hoo(n) mei(n) shafaq ke
Reshmi, ra(n)geen ujalo(n) ko thirakte
Bekara(n) lehro(n) ke seene par, ke jabtak
Yeh fiza meri rago(n) mei(n) ghul na jaye
Sochta hoo(n)phir
Samandar kaun hai?
Yeh shafaq kya hai?
Yeh hawa kya hai?
Talatum kya hai?
Bheegi ret kya hai?
Aur mera sochna bhi iss tarah se
Zehn ka ek maujzah hai?
Kaun hoo(n) mei(n)?

I am a lump of earth
That is alive
I was merely drinking life drop by drop
Like water from the tap
Sitting on the bench of breath
Slowly mending
The tattered robes of age
I am a body
Something else too is within
I am an urge
Playing in the mind
An urge that guards at all the doors
Of the pavilion of the body
That flows
In my efforts, my struggles
In all my senses, my words
There is an ocean in which
There is life's broken boat
Which keeps slipping on the dancing waves
Where will it go

Kya hai yeh sab?

Ek khaki jism hoo(n)

Joh jee raha hai

Zindagi ko nal ke paani ki tarah bas

Qatrah qatrah pee raha hai

Saa(n)s ki masnad pe betha

Umr ki jheeni qaba ko

Dheere dheere si raha hoo(n)

Jism toh hoo(n)

Jism ke andar bhi kuchch hoo(n)

Zehn mei(n) athkheliya(n) karti hui

Ik aarzoo hoo(n)

Aarzoo joh jism ki barahdari ke

Saare darwazo(n) pe pehra de rahi hai

Joh rawa(n) hai

Koshisho(n) mei(n), kavisho(n) mei(n)

Mere har ehsaas mei(n) meri zabaa(n) mei(n)

Ik samandar hai ke jisme

Zindagi ka ek toota sa safeena

Shokh lahro(n) par phisalta ja raha hoon

Who knows?
Among billions of stars in the sky
A hidden isolated star
May perhaps be my destination

I see
A surging sea, but where is the shore?
Is it my home? Which one is it?
Where, at which milestone, do I pause?
Holding whose arm, do I go ahead?
I know in the golden room
Of the round dome of wishes,
Who blesses my boat with the golden sail of fortitude!
Fortitude which is sculpted afresh
By sculptors of wishes
Has been taught traditions
Replete with arguments
And then this fortitude,
The forerunner of my wishes
With a scroll of actions

Ja raha hai kis taraf
Kisko pata hai?
Arsh ke lakho sitaro(n) mei(n)
Chhupa tanha sitara hi
Meri manzil ho shayad!

Dekhta hoo(n)
Ik talatum hai, magar sahil kidhar hai?
Mera ghar hai? Kaun sa hai?
Kis jagah, kis meel ke pat'thar pe dam lena hai
Kiski ba(n)h thamey, aage chalna hai?
Pata hai khwahisho(n) ke gol gumbad ke
Kisi zar'reen kamre mei(n) sa(n)warte azm ko
Joh bakhshtaa hai ik talaai baadbaa(n)
Mere safeene ko!
Azm jisko khwahisho(n) ke but tarasho(n) ne
Nayi tashkeel di hai
Riwayat ki, daleelo(n) se bhari
Taleem di hai
Aur phir yeh azm

Entrusting my hands with a large sword
Of new resolute will
Says to me holding my arm,
"Go forth!"
And these troops of my actions
Lead me, to paths
That are born of my own fortitude

These were the same actions and fortitude
Which made
A few humans like me,
Moses and Luqman, Socrates and Aristotle
And a few Genghis Khans and some Halakus
Some Buddhas, some Rams, some guardians of faith
One Ashoka and one Akbar
Because these men
For their self-made wishes
Decided the paths of their own actions
Carved the signs of their own destinations

Meri khwahisho(n) ka, sipah-salaar
Ik aamal ki fahrist lekar
Mere haatho(n)ko naye pukhta irado(n) ki
Badi shamsheer dekar
Mujhko kahta hai mera bazoo pakadkar
Saamne chal
Aur yeh aamal ke lashkar mujhe
Lekar chale hai(n), raasto(n) par
Jinko mere azm ne peda kiya hai

Thay wohi aamal aur kuchch azm
Jinse ban gaye thay
Mere jaise chand insaa(n)
Moosa-o luqmaan, suqraat-o arastoo
Aur kuchch chengaiz kha(n) aut kuchch halaku
Budhh koi, ram koi, wali-e-iman koi
Ik ashok aur ik akbar
Kyunki in ashkhas ne
Apni banai aarzoo'o(n) ke liye

And then reached out to the stars;
And their fortitude and actions
Thus became their destiny

Standing on the seashore
Wrapped in the sea breeze
I pray for such fortitude
As emerges from the dome of wishes
And wish for a few such actions
Which should become my destiny
A destiny
That should teach me to soar
Like a small bird in the sky!

Aamal ke kuchch zaawiye khud tai kiye thay
Tai kiye thay apni manzil ke nisha(n)
Aur phir badhkar sitare chhoo liye thay
Aur unke azm aur aamal hi
Phir ban gaye unka muqaddar

Mei(n) samandar ke kinare
Audh kar chadar hawa ki
Ma(n)gta hoo(n) aasma(n) se
Khwahisho(n) ke gol gumbad se ubharta
Azm aisa
Aur kuchch aamal aise
Joh banei(n) mera muqaddar
Woh muqaddar
Joh mujhe aakash mei(n)
Nanhe parinde ki tarah
Udna sikhade

The Sound of the Dome

Silence that hides in the core of each sound
And sadness that rests in the core
In that sadness is entangled a heartbeat
My heartbeat
That is the theatre of my circumstances
And there, in this theatre, I stand
Waiting in quietude to hear
The sounds of breaths scattering each moment
As though all that belongs to them
Had been imprisoned
In the circled dates of the calendar of silence
An onlooker, I merely stand at the door of this house
Looking at the quivering curtains
I see
The ceaseless dance of solitude
And hear the growing tremors of silence
In the hope that you might hold the finger of silence
Come there, to share, my unrequited desires
Where now a solitary bird of sounds
Flies from this dome to another

Sada-i-Gumbad

Har aawaz ke markaz mei(n) pinha(n) khamoshi
Aur khamoshi ke markaz mei(n) jazb udasi
Issi udasi mei(n) uljhi hai dil ki dhadkan
Meri dhadkan
Dhadkan jo mere halaat ka jalsa-ghar hai
Aur iss jalsa-ghar mei(n) mai(n) khamosh khada hoo(n)
Intezaar mei(n)
Sa(n)so(n) ki pal-pal ba(n)t'ti un awazo(n) ka
Jin ka sab kuchch
Khamoshi ke ik calendar ki tareekho(n) ke halqo(n) mei(n)
Qaid pada hai
Mai(n) toh bas iss jalsa-ghar ke darwazo(n) par
Hilte pardey dekh raha hoo(n)
Dekh raha hoo(n)
Tanhai ka raqs musalsil
Aur sunta hoo(n) san'nato(n) ki badhti halchal
Shayad tum bhi khamoshi ki ungli pakdey
Meri hasrat ke iss veera(n) jalsa-ghar mei(n)

And comes back
In search of a moment
That is yet unburied
Beneath the dates of this calendar!

Shamil ho lo

Jis mei(n) ab awazo(n) ka ik tanha panchchi
Iss gumbad se uss gumbad tak
Udta hai wapis aata hai
Dhoond raha hai phir woh lamha
Joh iss calendar ki tareekhon ke neechey
Dafn nahi(n) hai

Where Art Thou, Picasso!

Somewhere, separated from her winged companions,
Sits a dove, alone, depressed
Hidden in a heap of dry leaves
It seems she carries in her eyes
The dream of a long journey
The desire of a fresh dawn
She wonders what is happening
Whatever is happening today perhaps happened
yesterday
Whatever happens tomorrow will be a reflection
Either of today, or of the day gone by
Which lies buried in existence
Or in a destroyed shanty town
Then why is this dove sad?
Why does she sit cowering?
It seems as if her heart is bruised
With fears and apprehensions
Her trembling wings seem to have sustained
Wounds from iron hands
Perhaps that's why she is sad

Kahaan Hai Picasso

Kahin parindo(n) ke ghaul se hat kar
Khushk patto(n) ke der mei(n) chhup kar
Fakhta ik udaas bethi hai
Aisa lagta hai uski aa(n)kho(n) mei(n)
Ik tamanna kisi safar ki hai
Ek hasrat nayi sehar ki hai
Sochti hai ke ho raha hai kya?
Aaj joh hai woh kal bhi tha shayad
Kal joh hoga woh aks hi hoga
Aaj ka, ya gaye huey kal ka
Dafn hai joh wajood-e hasti mei(n)
Kisi ujdi hui si basti mei(n)
Phir bhala ye fakhta udaas hai kyu(n)?
Kyu(n) ye bethi hui hai sehmi si?
Lag raha hai ke iss ke baatin par
Khauf-o-khadshat ki kharashei(n) hai(n)
Kapkapate huey paro(n) par bhi
Dast-e aahan ki chand chotei(n) hai(n)
Iss liye woh udas hai shayad
Iss liye bad-hawas hai shayad

Perhaps that's why she is restless
Who knows how this happened
There has to be someone who can share her grief
And recognise her pain today
Had Picasso been around
He might have made her innocence
A symbol of peace with his colours
There has to be someone who can open new horizons
To unfurl her feeble wings
And give a new zeal of flight to them again
Alas! If this had ever happened
Her pain would have found a friend

In the shadows of her flight
There hides a volcano today
An era of terror prevails
In her eyes, that were once abodes of love,
Fear swims today
The dove is speechless

Kaun jane ke yeh hua kaise
Koi toh ho jo uska dukh jane
Dard ko uske aaj pehchane
Gar picasso yahi(n) kahi(n) hota
Uski masoomiyat ko ra(n)go(n) se
Aman ka ik nisha(n) bana deta
Koi toh ho jo uske udne ko
Phir naya ek aasma(n) kholey
Phir se uske za'eef pa(n)kho(n) ko nayi parwaz ka hunar
de de
Kash aisa kabhi hua hota
Dard ko ashna mila hota

Uski parwaz ki pinaho(n) mei(n)
Ek aatish fisha(n) chhupa hai aaj
Daur wahshat ka chal raha hai aaj
Uski aa(n)khei(n) joh pyar ka ghar thi(n)
Khauf phir un mei(n) terta hai aaj
Fakhta kuchch bhi kah nahi(n) paati

She can't bear the happenings around
Her fearful eyes only question the skies.
Why is her life so sad?
What bad deeds has she done?
Who can tell why an Atlantic
Of agony fills her life
Why wildernesses stretch all around
Why every colour is discoloured today
Someone should spell out
Why hatred has engulfed the world today
Why a storm of intolerance has blurred all

Is it mandatory for man
To let the blood of another man
That every issue should be resolved
By taking the path of war
Don't the people know anything
That the darkest wars in the world
Begin in the dark, narrow recesses of the heart
Shackled by the chains of narrow perspectives

Ho raha hai jo sah nahin paati
Uski dahshat zada nigahei(n) bas
Poochti hai(n) kuchch aasmano(n) se
Zindagi kyu(n) azab hai uski
Usne aisa bura kiya kya hai
Koi batlaye zindagi mei(n) kyu(n)
Auqiyanoos gham ka phela hai
Kyu(n) hai(n) veeraniya(n) daraz itni
Kyun har ek rang aaj maila hai
Apni duniya mein aaj har janib
Itni nafrat kis liye hai batlao
Ek toofa(n) chadha hai kyu(n) samjhao

Kya zaroori hai aadmi ke liye
Aadmi ka lahoo bahaya jaye
Zindagi ke har ek maqsad ko
Ja(n)g ke raaste pe laya jaye
Log kya jante nahi(n) kuchch bhi
Zindagi ki maheeb tar ja(n)gei(n)
Dil ke tareek ta(n)g darro(n) se

That they start, spread and intensify
And darken the world?
In the centre of this same spectacle sits the dove
Injured and shrunk
Within the heap of dry leaves
And waits perhaps
For the arrival of a new dawn
And the soft hands of Picasso!

Ta(ng) nazri ke kuchch jazeero(n) se
Shuru hoti hai phel jaati hai
Sirf tareekiya(n) badhati hai(n)
Isi manzar ke beech baithi hui
Zakhm khai hui, fasurda si
Khushk patto(n) ke dher mei(n)
Fakhta intezar karti hai
Shayad ik subah-e-nau ki aamad ka
Ik picasso ke narm haatho(n) ka!

Alien Moments

Depressed days, tormented tearful nights
Centuries converged in the gathering of moments
A procession of memories descending the staircase of
silence
A universe lost in a series of incidents

The headgear of circumstances crowning the head of life
Tumultuous breaths framing life itself
Manuscripts of night scattered on the parchment of
silence
Ominous shadows of lived days perched at the windows
Strange is the scene, anomalous the air
Steps falter even as the wind wobbles

It may be
That something will happen
Perhaps the spectacle will change
Even if it does not, time will pass away
Just tell the night
Whenever it goes
It should knock
At my closed door
So that I can hold the finger of the coming day
And walk far away!

Ajnabi Lamhaat

Pasmanda din, inteshar alooda raat
Lamho(n) ki chaupal mei(n) sadiyon ki raat
Khamoshi ke jeene utarti yado(n) ki baraat
Saniho(n) ki pag-dandi par kho gayi kayenaat

Zindagi ke sar par, halaat ka amama
Umr ki chaukhat par sa(n)so(n) ka hu(n)gama
San'nato(n) ki mez par phele raat ke dastawez
Beth gaye khidki par maazi ke aaseb
Ajeeb manzar hai, ajeeb fiza hai
Ladkhadate qadam hai(n); dagmagati hawa hai

Ho sakta hai
Kuchch ho jaaye
Shayad yeh manzar badal jaaye
Aur ye na bhi ho toh waqt guzar jaye
Bas itna keh do iss raat se
Ke jab bhi jaye
Mere band darwazey par dastak deti hui jaye
Takey mai(n) aane wale din ki u(n)gli pakdey
Kahi(n) du'r nikal jaao(n)

A New World in the Valleys of the Solar System
(Impressed by the Internet)

In the vastness of the solar system
Or much above in another world
Where there are valleys of emptiness
Where there is a galaxy of sights
Where thought lies in ecstasy
On a sprawled out shimmering sheet
With eyes shut

Squandering away
Chocolates of beautiful dreams
On the caravan of stunning angels
Fluttering their golden wings
Forging ahead
On paths smoothened by the wind
The beaming eyes of these angels
Illuminate tiny houses made of glass
Slight movements of their hands
Animate painted turquoise flowers

Nizam-e-Shamsi ki Wadiyon Mein Naya Jahan Hai

(Internet se muta's-sir ho kar)

Nizam e shamsi ki wus'ato(n) mei(n)
Ya us ke oopar kisi jaha(n) mei(n)
Jahan khalaa'o(n) ki waadiya(n) hain
Jahan nazaaro(n) ki kehkasha(n) hai
Jahan tafak'kur tajal'liyo(n) ke
Dara'az bistar pe aankh moondey
Machal raha hai

Luta raha hai
Haseen khwaabo(n) ki chocolatei(n)
Sunehri pankho(n) ko phadphada'tey
Hasee(n) farishto(n) ke karwa(n) par
Joh ga'am-zan hai
Hawa ke hamwaar rasto(n) par
Unhi farishto(n) ki
Chashme khanda(n) se jagmagatey hai(n)
Chhote chhote se kaa(n)ch ke ghar
Ke jin ke haatho(n) ki ek jumbish

Just as thousands, millions of thoughts
Anxious to be expressed
Frail moments youthful in their restlessness
Descend on the surface
Of the glass house
Somewhere someone calls out
Spurring a madness
Comes forward to descend
On the cold bed of my thoughts
I see your face
Hear your words
I am reading the honest writings
You sent in your letter
Through those angels
Where has this reality descended from
Where is it going
Handing over to us
Chocolates of beautiful dreams
Gifting us a new series of thoughts
Which dignify life!

Ubhaarti hai nigar-e-rang o gul-e-firoza(n)
Hazaro(n) lakho(n) khayal jaise
Zaban ban kar
Machal rahe hai(n)
Za'eef lamhe jawan ban kar
Ubhar rahe hai(n)
Jo kaa(n)ch ke ghar ki
Uss sateh par utar rahe hai(n)
Kahin se koi pukarta hai
Junoon sa ek ubharta hai
Mere khayalo(n) ke sard bistar pe
Badh ke khud ko utarta hai
Mai(n) dekhta hoon tumhari soorat
Mai(n) sun raha hoon tumhari baatei(n)
Mai(n) padh raha hoo(n) ibaartei(n) woh
Jo tumne bheji hai(n) apne khat mei(n)

Agony of the Night

The rains came and the days became beautiful
But the burden on my chest remained
Like the load of snow on the mountains
Does not allow the rocks to breathe
Nights are the same long, dejected,
Shapeless, like unfinished statues
All paths are deserted, all highways desolate!
The load of the mountains might be shared by the
winds
There must be some footprints on the paths
But who will share the pain of those nights
That await, with their heads buried
Between their knees,
The arrival of a brief morning!

Raat Ka Dard

Barsaat aayi toh din nikhar gaye
Lekin mere seene par bojh bana raha
Jaise parbato(n) par barf ka bojh
Saa(n)s lene nahi(n) deta pat'tharo(n) ko
Raatei(n) waisi hi taweel, be-zaar
Be-dol, neem saakhta mujas-simo jaisi
Sabhi raaste veeran, shahrahei(n) sunsaan!
Parbato(n) ka bojh toh shayad hawaei(n) baa(n)t le(n)gi
Raasto(n) par kuchch toh ho(n)ge qadmo(n) ke nishaan
Lekin kaun baa(n)tega in raato(n) ka dard
Joh zanoo mei(n) sar diye
Karti hai(n) intezaar
Ek mukhtasir sehar ka!

To a Cloud
(Inspired by Kalidas's 'Meghdoot')

Where do you come from O Cloud, where will you go
Tell, will you ever come close to me
Sometimes in the sky, sometimes on the mountains
you dwell
Myriad forms you assume
Sometimes a mendicant, sometimes a drunkard
Turning pink in the afterglow of dusk
Sometimes like a forsaken maiden, hesitant in her veil
Like a youth lost on the path of life
Like musical notes spread on the shoulders of morning
Or the smiling morn that glows over the valley
Or the inviting arms of a beautiful maiden, or,
Sometimes like the melancholy gaze of an old woman
Today I just want to say this to you—
The one thing which flows with the heartbeat—
That when you leave Inderpuri
Do write a happy journey for me too
Where, on all sides, is spread a universe of spring
A caravan of swans on a golden lake

Abrnama

(Kalidas ke 'Meghdoot' se mutas'sir ho kar)

Kaha(n) se aaye ho badal, kaha(n) pe jaogey
Batao kya kabhi mere qareeb aaogey
Kabhi falak pe kabhi parbato(n) pe rahte ho
Hazaraha naye bahroop bharte rahte ho
Kabhi faqeer se ho aur kabhi sharabi se
Shafaq mei(n) ghul ke kabhi lag rahe gulaabi se
Kabhi hijaab mei(n) simti hui si birhan se
Rah-e-hayat mei(n) khoye kisi ladakpan se
Saba ke dosh pe bikhre huey tarannum se
Ke wadiyo(n) mei(n) khile noor ke tabassum se
Kisi haseen ki lambi daraz ba(n)ho(n) se
Kabhi zaeef ki afsurda kun nigaho(n) se
Mai(n) tum se aaj faqat ek baat kahta hoo(n)
Joh dhadkano(n) pe rawa(n) hai woh baat kahta hoo(n)
Yeh iltejaa hai ke inderpuri se jab niklo
Mere liye bhi koi khushnuma safar likh do
Har ek simt baharo(n) ka ek jaha(n) sa ho
Sunehri jheel pe hanso ka karwa(n) sa ho

Someone to embellish my desires
Someone to fulfil old promises
Someone to say, "Come let's be one with the silences,
And sleep in the pavilions of chubby clouds",
In whose glance there will be the kathak of loyalties.
Let the surge of fondness arouse a rhythm in the heart
Let rainbow colours blossom over someone's body
And spill over the curves like wine from a goblet
Let's make a home on the wings of the wind
And rise like a cloud in the sky.
But you did not heed my request
Neither said anything, nor touched me with soft hands
But just arose and went away with the kinnars to an
alien land
Saying you would return one day with a new wind

But what is this, many monsoons have passed
The twigs in my hamlet have scattered
I have heard you have spread the frenzy of rain in
foreign lands

Koi toh aaye sajaye meri murado(n) ko
Koi toh aaye nibhaye purane waado(n) ko
Kahe ke aa kahi(n) khamoshiyo(n) mei(n) kho jayei(n)
Gudaz abr ke khemo(n) mei(n) ja ke so jayei(n)
Nazar nazar mei(n) rawa(n) ho wafao(n) ka kathak
Ke fart-e-shauq uthata ho dil mei(n) ek dhak dhak
Kisi ke jism pe qaus-e-quzah ke ran(g) khilei(n)
Badan ke kham se sharabo(n) ke jaam se chhalkei(n)
Banake ek nasheman, hawa ke daman par
Falak pe hum bhi ubhar aayei(n) ek ghata ban kar
Magar na tumne meri iltejaa pe ghaur kiya
Na kuchch kaha, na mujhe nam hatheliyo(n) se chhua
Bas uthke chal diye pardes kinnaro'(n) ke sath
Yeh kah ke aaogey ik din nayi hawa ke saath

Magar yeh kya hua, sawan kai guzarte gaye
Mere dayar ke tinkey kahi(n) bikharte rahe
Suna bides mei(n) karte rahe thay tum jalthal
Na mil saka mere ghar ko tumhare pyar ka pal

But my home has not received even a moment of your love
Neither have the lights of union adorned my heart's mehfil
Nor any friend, soul mate or partisan met me
I still harbour the hope in my heart till today
That you will come with the cool breeze
I kept questioning my desires a lot
I kept waiting for you till today
I hope the river of my life does not remain thirsty
This season does not pass dry as my thoughts
Do come to my hamlet today for a moment
Rain on the road to my home for a while
After that, who knows, I may or may not be there
To tell the tale of the desires of my heart
When this wanderlust tires you, don't hesitate
Hold the finger of my thoughts and come home
Where do you come from O Cloud, where will you go!

Na bazm-e dil mei(n) kabhi wasl ke chiraagh jale
Na koi dost, na humdum, na ghamgusaar mile
Mai(n) aajtak bhi lagaye huey hoo(n) dil mei(n) aas
Ke leke aaogey thandi hawaei(n) apne saath
Mai(n) khwahisho(n) se bohot kuchch sawal karta raha
Tumhara aaj talak intezaar karta raha

Kahi(n) yeh umr ka dariya na tishna rah jaye
Yeh rut bhi mere khayalo(n) ki khushk hi guzrey
Chale bhi aao mere gao(n) aaj ik pal ko
Zara si der mere ghar ki raah par barso
Phir iske baad, khabar kya, rahoo(n), rahoo(n) na
rahoo(n)
Mai(n) dil ki baat, pata kya ke tumse kah bhi sakoo(n)
Sataye jab tumehi(n) awaargi, na sharmana
Mere khayal ki u(n)gli pakad ke ghar aana
Kaha(n) se aaye ho, badal, kaha(n) ko jaogey

Arrival of the Dawn – 1

A few moments
Hidden in cuttings from mouldy newspapers
The sound
Of lizards whispering to the beams on the roof
The cymbals
Of cawing crows sitting on parapets
A few ghosts of long lost dreadful events
The sharp eruptions of hutments in the midst of the
city
Acrid clouds of smoke arising from chimneys
Consigned to the dust laden sky—
A fearful morning opens its eyes
In the midst of this environment!
Just like an embryo falls
From the womb of an unwed mother
On to the trash heap!

Aamad-e-Sehr–1

Boseeda akbharo(n) ke tarasho mei(n) sarnigu(n)
Chand lamhaat
Chhat ki kadiyo(n) se chey-meegoyia(n) karti
chhipkaliyon
Ki baazgasht
Mundero(n) par bethay huey kaa(n)w kaan(n)w kartey
huey kavvo
Ke khanjeerey
Gumshuda haalat ke chand muheeb aaseb
Shahr ke beecho beech basey jhuggiyo(n) ke nasoor
Chimniyo(n) se ubharte dhu'ye ke kadve baadal
Iss gard aalud aasman ke naam
Sahmi si subah aa(n)kh kholti hai
Isi mahol ke darmiyan
Kachrey ke kisi dher par
Kisi un-biyahi ma ke
Gire huey hamal jaisi

Arrival of the Dawn – 2

The sky extended its limbs
Then opened its eyes
And shook hands
With the Lord of the sky
Along with an army of light
It advances from the east
Descends on the filthy roofs that cover half-baked slums
Strewn across the bosom of the city
To give a new shape
To the ugly shadows
That fall on dirty drains!

Aamad-e-Sehr–2

Ufaq ne a(n)gdai li
Phir aa(n)kh kholi
Aur milaya haath
Salaar-e-falak se
Roshni ka leke lashkar
Sooye mashriq se jo
Badhta aa raha hai
Shahr ke seene me phele
Kachchey pakkey jho(n)pdo(n) ki maili khaprelo(n) se hota
Phir utarta hai nayi tashkeel dene
Badnuma sayo(n) ko
Gandi nalyo(n) par

Look Here

Come here, someone beckons you,
Heed a little to my waiting eyes,
Heed a little as the deserted path
Look again in the search of caravans of our
togetherness,

Recall the seasons which have gone by
Celebrate the showers of joy once again
Again embellish the days left behind
With the tantalizing memories of the happy times.

Come and see that I am yet dripped with feelings of a
faith,
Come and see that I am still soaked in a sense of joy,
Just heed a little that seasons are about to change,
Just heed a little that down pour of monsoon will begin
soon
Heed a little that I still wait for you

Idhar Bhi Dekh

Idhar bhi dekh bulata hai phir koi tujhko
Idhar bhi dekh meri muntazir nigaho(n) mei(n)
Idhar bhi dekh ke mayoos rahguzaro(n) ko
Talash phir se visalo(n) ke karwa(n) ki hai

Guzar gaye hai(n) jo mausam unhei(n) bulata ja
Baras chuke hai(n) jo sawan unhei(n) sajata ja
Ke phir se umr-e- guzasshta ki jalsa-gaho(n) ka
Khayal roz-e-shagufta se gudgudata ja

Bas aake dekh ke num hai wafao(n) ka daman
Ke aake dekh le tar hai sukoo(n) ka peraa'han
Zara toh dekh badalne lagey hai(n) ab sawan
Zara toh dekh umadne laga hai ba sawan
Idhar bhi dekh mujhe intezaar hai tera

Printed in the United States
By Bookmasters